건축은
땅과 사람이

함께 꾸는
꿈이다

건축은
땅과 사람이

함께 꾸는
꿈이다

임형남·노은주의 집 이야기

이글루

"인생은 집을 향한 여행이다."
- 허먼 멜빌Herman Melville(미국 소설가)

| 책머리에 |

살아 있는 모든 것은
꿈을 꾼다

사람뿐만 아니라 동물과 식물, 심지어 바위나 물까지 영혼이 깃들어 있는 모든 존재는 꿈을 꾼다. 어쩌면 존재 자체가 하나의 꿈일지도 모른다. 장자는 자신이 꿈을 꾸고 있는지, 아니면 자신이 꿈인지 골몰히 생각했다고 한다. 나는 누구인가? 나는 누구의 꿈일까?

현대사회에서 삶은 늘 복잡하고 예측 불가능하다. 많은 영화가 현대인들의 꿈을 주제로 다룬다. 〈매트릭스〉의 네오는 현실이 꿈이었다는 사실을 알게 되는 데서 진정한 삶을 시작한다. 악마와의 거래로 영원한 생을 받았지만, 궁핍한 삶을 해결하려 다른 사람의 꿈을 대신 보여준다는 내용의 〈파르나서스 박사의 상상극장〉이라는 영화도 인상적이다. 파르나서스 박사의 상상극장 무대 위에는 얇고 반짝거리는 막이 있고 사람들은 그 안으로 들어가 자신의 꿈을 보게 된다. 사치스러운 귀부인은 명품이 강물처럼 흐르는 공간을 만나게 되고, 성공을 꿈꾸는 사람은 하늘로 올라가는 사다리를 만나게 되는 식이다. 물론 그것은 상상일 뿐이지만 파르나서스 박사는 사람들의 꿈을 하나의 그림으로 완성시켜준다.

우리의 꿈속에는 존재의 비밀이 숨어 있고 욕망의 비밀이 숨어 있다. 꿈을 알면 자신을 알 수 있게 된다. 다만 문제는 그 꿈을 포착하고 해석하는 일이 쉽지 않다는 것이다. 예전에는 꿈을 읽어주고 해결해주는 일을 제사장이나 무당이 담당했다. 그들은 인간과 신神 사이를 오가며 세상의 시끄러움을 잠재우고 사람들의 욕망을 읽어주었다.

피라미드를 처음 만들어 최초의 건축가라 불리는 이집트의 임호테프Imhotep는 천문학·수학·의학 등 다방면에 조예가 깊은 제사장이기도 했다. 조세르Djoser왕 시절에 7년간이나 나일강이 범람하지 않아 대기근이 일어나자, 왕은 나일강의 범람을 다스리는 크눔Khnum 신의 신전에 가서 기우제를

올린다. 당시 사제였던 임호테프가 신탁을 받고 신전을 복구하자 과연 나일강이 다시 범람했고, 그는 왕의 신임을 얻어 재상의 지위까지 올라 죽은 후에도 신처럼 숭배되었다.

그렇다면 현대에서는 어떤 사람들이 그런 일을 대신 해줄까? 가령 영화나 드라마 속의 연예인들이 그 꿈의 일부를 구현해주고, 모두가 갖고 싶어 하는 기막힌 명품을 만들어내는 사람들이, 혹은 디자이너나 건축가들도 그 시대의 꿈을 읽고 구체적인 물질로 만들어낸다.

건축은 꿈이다. 건축가는 사람들의 꿈을 듣고 그걸 엮어내고 펼쳐서 보여주기도 하고, 땅의 꿈을 듣고 그 위에 쌓아올리기도 한다. 그런데 사람의 꿈을 이해하는 것도 쉽지 않지만, 땅을 이해하고 그 결을 헤아리는 일은 더욱더 어렵다. 사실 땅의 의지라든가 땅의 꿈이란 얼마나 피상적인 말인가? 그러나 흔히 미신이나 주술로 인식되는 '풍수'라고 하는 것도 실상은 무수한 시행착오를 거치며 쌓은 지혜다. 땅과의 조화를 위해 오래된 경험과 통계로 일반화한 전통적이고 자연 친화적인 지식이다.

건축가는 땅과 사람 사이에서 중재하고 화합을 도모하

는 역할을 한다. 혹은 두 주체의 이야기를 듣고 건축을 하고 환등기처럼 땅에 비춘다. 건축가가 가장 먼저 해야 할 일은 땅의 이야기를 듣는 것이다. 그러나 말을 하지 않는, 아니 말을 할지도 모르지만 우리가 알아들을 수 없는 땅의 언어를 어떻게 해석할까? 건축가는 땅을 관찰하거나 그 결을 이해하기 위해 노력하고 정량적 분석과 정성적 분석을 하고 판단한다. 건축의 성공과 실패는 그 지점에서 갈리게 된다.

그래서 건축은, 땅과 사람이 함께 꾸는 꿈이다. 달게 자면서 행복한 꿈을 꿀 때처럼 편안하고 아름다운 건축. 그것이 우리가 꿈꾸는 건축이기도 하다. 땅의 꿈과 더불어 집의 가장 중요한 재료는 그 공간에 담기는 사람들의 생각과 사람들이 살면서 쌓아나가는 시간이다. 우리는 이 책에 그동안 만나고 지어온 집 이야기를 차곡차곡 담았다. 그리고 계속 좋은 꿈을 꾸고 있다.

2025년 겨울을 앞두고
임형남·노은주

| 차례 |

6 책머리에

| 제1부 | 집은 땅이 꾸는 꿈이다 |

15 자연에서 생겨나는 집 ◦ **까사 가이아**
22 서로 대화하듯 이어지는 집 ◦ **프라즈나의 집**
30 빛과 바람을 담은 집 ◦ **금산주택**
38 사람을 닮은 집 ◦ **자기 앞의 집**
46 자연과 사람이 만나는 집 ◦ **간청재**
54 시간의 우물에서 길어올린 집 ◦ **도문 알레프**
62 수평과 수직이 만나는 집 ◦ **선의 집**
70 자연이 주인인 집 ◦ **평온의 집**
78 비상하면서 내려앉는 집 ◦ **네 개의 날개를 가진 집**
86 즐거움을 끝없이 펼치는 집 ◦ **장락재**

| 제2부 | 집은
생각을 담는다 |

97   즐거운 놀이터가 되는 집 ㅇ **상안주택**
105 두 개의 태양을 품은 집 ㅇ **존경과 행복의 집**
113 움직임이 가득한 집 ㅇ **라비린토스**
121 반려동물의 눈높이에 맞춘 집 ㅇ **숨숨하우스**
129 아이들과 함께 자라는 집 ㅇ **적당과 작당의 집**
137 마당을 수직으로 쌓아올린 집 ㅇ **장연재**
145 산과 물을 즐기는 집 ㅇ **요산요수**
153 따로 또 같이 꿈꾸고 자라는 집 ㅇ **더블헬릭스 하우스**
161 한 지붕 아래 단독주택 아홉 가구가 있는 집 ㅇ **맑은구름집**
169 사찰의 고정관념을 깬 집 ㅇ **제따와나 선원**

| 제3부 | 집은
시간이 짓는다 |

179 단순함과 여백이 있는 집 ㅇ **루치아의 뜰**
186 들꽃으로 가득한 집 ㅇ **들꽃처럼 피어나는 집**
194 아버지의 꿈을 이어 지은 집 속의 집 ㅇ **언포게터블**
202 고요히 머물며 온기를 나누는 집 ㅇ **적이재**
210 반석 위에 지은 집 ㅇ **도무스 페트라**
218 각각 원하는 대로 지은 집 ㅇ **어사재**
226 가족과의 유대가 끈끈한 집 ㅇ **산조의 집**
234 가장 따뜻하고 포근한 집 ㅇ **층층나무집**
242 도시의 천이를 준비하는 집 ㅇ **웃음 베이커리**
249 역사의 풍경을 담은 집 ㅇ **지구의 한 조각**

제1부

집은
땅이 꾸는 꿈이다

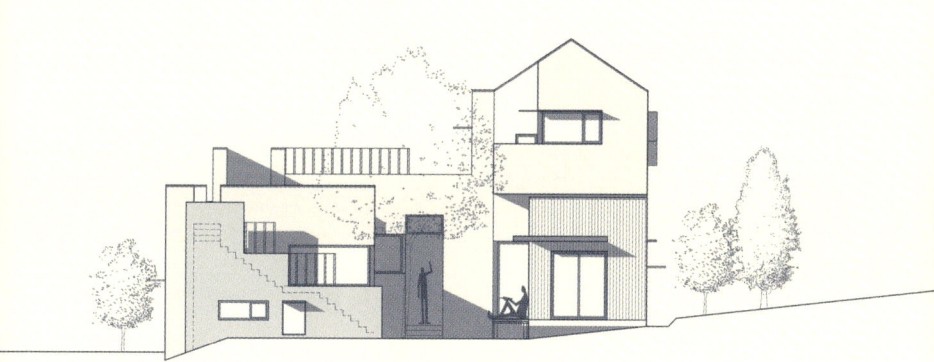

자연에서 생겨나는 집

까사 가이아

△
―――――――――――――――――

바다색이 아주 아름다운 김녕 바닷가에 제주도의 풍광을 그대로 담은 집을 한 채 지었다. 집의 이름은 '까사 가이아Casa Gaia'로, '가이아'는 그리스신화 속 대지의 여신이다. 또한 '만물의 어머니'이자 '신들의 어머니'로 '창조의 어머니 신'이기도 하다. 모든 생명체의 모태인 대지를 상징하는 이름을 집에 붙인 것은 이 집의 설계가 처음부터 끝까지 대지에서 비롯되어 완성되었기 때문이다.

방금 화산의 분출이 끝난 듯 여기저기 그 흔적이 남아 있는 제주도는 모성이 강하게 느껴지는 땅이다. 검은 흙과 코발트색 바다, 그리고 강인하게 바다를 일구며 살아가는 해녀들이 고유의 풍경을 만들어내는 곳이다. 김녕 읍내로 들어가는 도로를 따라가다 보면 푹 꺼진 땅이 있는데, 그 땅은 바다와 바로 맞닿아 있다. 도로 건너편에는 언덕이 느릿하게 시작하며 봉긋하게 솟은 오름으로 이어진다.

처음 땅을 찾아가 보았을 때, 집 지을 땅과 도로를 사이에 둔 야트막한 언덕에 작은 담이 둘러져 있고, 나무가 한 그루 껑충하니 서 있는 곳이 보였다. 궁금해져서 앞에 가보니 담 안에 작은 무덤이 하나 있었다. "바람이 분다. 살아야겠다"는 구절이 유명한 폴 발레리Paul Valéry, 1871~1945의 시가 연상되는 작은 '해변의 묘지'였다. 누군지 모르지만 김녕 바다를 느긋하게 바라보며 누워 있는 무덤의 주인이 무척 부러워졌다. 코발트색 바다와 느리게 왔다갔다하는 배를 바라보며 낮잠 자듯 누워 있는 그곳은 아주 강렬한 인상을 주었다.

우리가 흔히 묘지를 볼 때 느끼는 거리낌보다 편안한 마음이 먼저 들었던 이유는 무엇일지 생각해보았다. 무덤이나 집은 영계靈界와 속계俗界로 나뉘지만 사실 그 주목적은 '안식'이 아니겠는가? 김녕 주변은 그런 평온함을 주는 땅이었다.

한참을 눈부시게 쏟아져내리는 햇살을 받으며 실눈을 뜨고 휴식하는 기분으로 땅을 찬찬히 둘러보았다. 바다에 바로 붙어 있는 평온한 땅 북쪽으로는 김녕항이 보이고 남쪽으로는 고양이가 누워 있는 형상이라는 둥그스름한 오름, 괴살메(묘산봉)가 배경이 된다. 집 지을 터는 누워 있던 괴살메의 고양이가 천천히 일어나 들을 건너고 2차선 도로를 넘어, 바다에 발을 담그기 전 잠시 쉬는 곳 같았다. 말하자면 괴살메와 부드러운 옥색 바다 사이에 슬며시 끼어든 완충지대 같은 곳이었다. 그리고 집을 높게 짓는다면, 도로를 지날 때 자칫 바다를 가릴 수도 있는 위치였다.

건축주는 이 땅을 오랫동안 소유하고 있던 제주 토박이 부부였다. 그들과 처음부터 의견이 일치했던 부분은, 제주 바닷가의 전망 좋은 곳에서 흔히 볼 수 있는 요란한 형태와 색채를 집어넣은 집은 결코 짓지 말자는 것이었다. 단지 원하는 것은 가급적 바다가 훤히 보이는 욕실을 하나 만들어달라는 것이었다. 그동안 만나보았던 건축주의 요구사항 중에

ⓒ 김용관

서 가장 가짓수가 적고 단순한 바람이었다. 땅에 대해 해석하고 집을 구성하는 중요한 과정을 모두 맡겨준 것은 감사한 일이었지만, 한편으로는 조금 부담스러운 일이기도 했다.

우리는 열심히 궁리를 하기 시작했다. 가장 중요한 것은 바다를 가리지 않으며 바닷바람에 견딜 만한 집을, 오랫동안 그곳에 있었던 제주도의 돌처럼 단단하게 세우는 일이었다. 일단 처음엔 두 층으로 고려했던 집의 규모를 줄이고 단층으로 짓기로 결정했다. 지붕도 최대한 도로보다 낮게 얹어 바다로 향하는 시선을 막아서지 않도록 높이를 조절했다. 이왕이면 그 자리에 옛날부터 있었던 집처럼 보이면 더 좋겠다고 생각했다. 그리하여 건너편 김녕항에서 볼 때 오름을 닮은 모양새처럼 보이도록 지붕 선을 완만하고 둥그스름하게 조정했다.

주변 색과의 자연스러운 조화를 고려해 바다를 향한 외벽에는 검은색 제주석을 붙였다. 반대로 도로에서 바다를 볼 때는 부드러운 곡선 가벽에서 이어지는 흰 벽과, 바다의 연장처럼 보이는 쪽빛 지붕이 날개를 들며 경쾌하게 이어지도록 했다. 땅의 모양이 올록볼록한 비정형이라 건물의 평면은 그 외곽선을 그대로 반영해서 모양을 잡았다. 언뜻 보면 심

+
'까사 가이아'는
어머니의 안온한 품처럼
바다와 오름 사이를 넘나들며
오가는 햇빛과 바람을
모두 품어 안은 집이다.

장 모양처럼 생긴 땅의 곡선을 따라 평면을 그리고 지붕을 얹었더니 부드러운 곡선의 입술 모양이 되었다. 하늘에서 내려다보아야만 알 수 있는 그 형상은 무수한 비바람을 견디며 살아온 제주도의 강인한 여성성을 상징하는 듯했다.

용천수와 올레길(제20코스)이 이어지는 탁월한 전망 때문에 주변에서는 카페로 착각하기도 하지만, 이 집은 오롯이 거주의 용도로 사용된다. 동쪽 현관으로 들어와 일상의 휴식으로 들어가는 길을 따라가면, 맞은편 서쪽 끝에 주인이 그토록 원했던 바다가 보이는 널찍한 욕실이 기다리고 있다. 나머지 공간은 방 두 개와 거실, 주방 등으로 비교적 단출하다. 모두 바다를 바라보는 방향으로 나란히 이어지고, 테라스를 통해 바다에 면한 마당으로 나갈 수 있다.

벽도 천장도 완만한 곡선으로 만들어진 내부 공간은 어머니의 안온한 품처럼 포근하고, 바다와 오름 사이를 넘나들며 오가는 햇빛과 바람과 바다라는 제주의 자연으로 가득 채워졌다.

서로 대화하듯 이어지는 집

프라즈나의 집

△
―――――――――――――――

우리는 자주 건축의 재료는 '생각'과 '시간'이라고 이야기한다. 물론 콘크리트나 나무 같은 물리적 재료로 세우기는 하지만, 건물을 완성하는 것은 그 공간에 담기는 사람들의 생각과 사람들이 살면서 쌓아나가는 시간이다.

    생각은 어떻게 집으로 완성되는가? 사람들에게 생각을 담아야 한다고 하면 조금 당황하는 모습을 보이기도 한다. 그 생각은 자기 자신의 욕망에 대한 것일 수도 있고, 가족에 대한 사랑일 수도 있다. 보이지 않는 생각을 읽어내기 위해 우리는 건축주와 많은 이야기를 나눈다. 그 이야기는 물론 건축에 대한 구체적인 부분, 가령 방의 크기나 개수, 부엌이나 화장실 등 공간의 위치 같은 정량적인 주제도 있다. 또한 그 집에서 이전에 비해 어떻게 달라진 삶을 살고 싶은지에 대한 조금은 막연한 생각을 두서없이 나누면서 정리해나가기도 한다.

어느 날 집 지을 일을 상담하기 위해 찾아온 중년의 부부는 경기도 과천에 10여 년 전 사두었던 땅을 보여주었다. 산에서 흘러내리는 경관 좋은 구릉지에 조성된 택지로, 그사이 주변은 집으로 다 채워졌다. 골목길의 끝에 있는, 집 지을 땅은 북쪽이 바로 등산로라서 숲으로 둘러싸여 있었다. 모양도 반듯하지 않아 오각형에 가깝고, 산과 땅의 경계에는 100년쯤 되었을 것이라 짐작되는 감나무가 멋지게 자리 잡고 있었다. 아늑한 주거지인 땅 뒤쪽으로 등산로로 향하는 사람들과 나무들과 집들이 서로 적당한 거리를 두고 공존하고 있었다.

알다시피 과천은 서울 가까이에 있으며 거주환경이 가장 좋은 곳으로 손꼽힌다. 부부는 근처 아파트에서 오래 살아왔지만, 단독주택의 삶을 계속 꿈꾸고 있었다고 했다. 네 식구와 키우는 개가 함께 살 집이고, 주거 공간과 함께 작업실도 따로 있었으면 좋겠다고 이야기했다.

부부 두 사람 다 조용하고 차분한 성격으로, '성찰하는 삶'이 습관이 된 분들이었다. 남편은 일하는 시간 외에는 주로 불교 공부를 하니 좌선하는 공간이 있으면 좋겠다고 했고, 다도茶道를 깊이 있게 공부한 아내 역시 마음을 담고 생각을 차분하게 정리할 수 있도록 다도 공간을 원했는데, 이왕이면 지인들과 함께 차를 마실 수도 있는 넉넉한 공간을 원했다.

이야기를 듣다가 '프라즈냐prajna'라는 단어를 떠올렸다. '지혜'를 뜻하는 산스크리트어로, 모든 것을 막힘없이 두루두루 알면서도 경계가 없는, 이를테면 가장 이상적인 지혜를 의미한다. 즉, '인간이 진실한 생명을 깨달을 때 얻어지는 지혜'라고 들었다. 불교의 목표는 내세에 대한 구원이나 현세의 지복至福이 아니라 욕망을 버리고 깨달음을 얻는 것이라고 한다. 그런 과정을 일종의 길이라고 한다면 건축 또한 여러 가지 생활과 생각을 관통하는 길을 만드는 일이다. 그 안에

ⓒ 김용관

는 가족이 담기고 가족의 생각이 담긴다. 생각은 그렇게 방이나 마루, 마당 등의 공간으로 환원된다.

주인의 정적인 라이프스타일을 담되, 터줏대감인 감나무를 잘 살리려면 건물은 정적인 공간보다는 움직임이 있는 공간이 되어야 할 것 같았다. 그래서 아내가 차를 공부하고 마시는 공간을 집의 전면에 두었고, 남편이 좌선하기 위한 공간을 집의 가장 깊숙한 곳에 넣었다.

길에 비해 안쪽으로 점점 높아지는 고저차를 이용해서 집의 각 공간을 조금씩 다른 높이에 앉혀놓았다. 그러자 각 공간들은 서로 가리거나 병렬로 배치되지 않고 각자의 좌표와 정체성도 갖게 되었다. 감나무를 둘러싸며 집의 기능이 하나하나 이어져, 결국 나무는 집의 중심이 되었다. 즉, 나무를 둘러싸며 집이 움직이는 모양새가 되었다. 가운데 마당을 중심으로 동심원이 그려지면서 방들은 대지의 가장자리 쪽으로 물러났다.

대문을 통해 집의 영역으로 들어오면 다도 공간인 별채로 가거나 감나무가 지키고 있는 안마당으로 들어갈 수 있다. 안마당에서 별채의 외부 계단을 오르면 2층이나 안방으

+
'프라즈나의 집'은
터줏대감인 감나무를 중심으로
동심원이 그려지면서
집이 움직이는 모양새가 되었다.

로 가는 테라스로 이어지고, 내부 통로와 계단을 통해 1층으로 다시 내려갈 수 있다. 그렇게 윤회의 동선처럼 방들과 마당과 테라스는 계속 이어진다. 집의 시작과 끝이, 내부와 외부가 이어져 있는 것이다.

집의 본채와 감나무 사이에는 한 사람이 겨우 몸을 누일 만한 작은 좌선 공간을 두었다. 본채가 콘크리트 구조인데 비해 이 공간은 좀더 부드럽고 온화한 촉감이 좋겠다고 생각해 나무로 지었다. 혼자 명상하고 자기를 돌아볼 수 있는 '생각'을 담은 공간이 그렇게 완성되었다.

불교가 추구하는 궁극적인 목적은 깨달음에 있다고 한다. 그 깨달음은 경계가 없는 지혜를 얻어 욕망에서 벗어나는 것이다. 세상의 모든 것은 서로 연결되어 있고 서로에게 영향을 미친다. 그래서 절대적인 어떤 상狀이나 절대적인 어떤 위치는 없다.

집이라는 공간 역시 하나의 길이라고 하면, 그 길은 깨달음이나 지혜로 이르는 길일 수도 있고, 인간의 불완전성을 완전하게 만들기 위해 걸어가는 길일 수도 있다. 하나의 길이 되어 만나기도 하고 갈라지기도 한다. 그 틈으로, 마당으로, 산이 집으로 들어오고 집이 산에 안긴다. 집의 안과 밖이 서로 얽혀 있는 것이다. 주인은 산과 가장 가까운 곳에 초막을 짓고 그 안에서 세상을 관조한다. 그렇게 '프라즈나의 집'은 움직이는 동선 속에서 완성되었다.

빛과 바람을 담은 집

금산주택

△
─────────────────────

우리는 길 위에서 건축을 배웠다. 건축 실무를 시작한 지 30년이 훌쩍 넘었다. 대학교를 졸업하고 보니 4년 동안 공부했지만 정작 건축에 대해 아는 것도 없고 무언가 속이 휑하다는 공복감에, 모자라는 부분을 채우기 위해 전국을 돌아다녔다. 길옆에 싱싱하게 살아 있는 평범한 민가들과 그런 집들로 이루어진 동네는 학교에서 배우지 못한 건축의 진정한 의미를 일깨워주었다. 그리고 충남 논산 명재고택, 경북 경주 양동

마을 송첨종택, 관가정, 향단 등 옛집들을 그려보며 한국 건축의 본질을 생각해보게 되었다.

한국 건축의 가장 큰 특징은 일본이나 중국의 건축과 달리 공간이 움직인다는 사실이다. 한국의 건축은 이를테면 정지된 화면이 아니라 동영상처럼 공간과 공간 사이에 끊임없는 흐름이 있다. 그리고 내외부의 방들은 그 흐름들을 따라가며 빛과 바람 같은 자연의 요소를 담는다.

가장 강한 인상을 받았던 집은 경북 안동 도산서원에 있는 퇴계退溪 이황李滉, 1501~1570의 도산서당이다. 도산서당은 마루와 방과 부엌으로 구성된 일자형 남향집으로, 북쪽으로 산에 기대어 집을 앉혔다. 정면에서 보면 오른쪽에 학생들을 가르치는 공간인 두 칸 규모의 마루 암서헌이 있고, 이어서 퇴계의 침실 공간인 한 칸짜리 완락재가 있다. 한 칸 반 규모의 부엌이 서쪽에 달려 있다. 모든 것이 아주 단순하며 실용적이다.

아주 작은 집이지만, 아주 큰 생각을 담고 있다. 퇴계가 평생 추구했던 '경敬(자신을 낮추고 남을 존중하다)'이라는 정신을 바닥에 깔고 실용성과 합리성을 추구한 평생의 삶이 그 집에 스며 있다. 즉, 퇴계 자신이 살았던 현실과 그의 정신의 바탕이 된 책이라는 과거와 그에게 학문을 배우는 학생들이라는 미래를 담은 집이다. 어딘가 극단적으로 단순화하고 추상화한 공간이며 선비의 이상을 공간으로 표현한 것 같은 느낌이다. 그리고 참 아름다운 집이다.

작고 소박한 집에 우주가 담긴다. 그 말만으로도 마음이 두근거린다. 우리가 꿈꾸는 집은 규모가 큰 집이 아니라 생각이 담긴 집이다. 게다가 그 생각이 높고도 향기롭다면 더할 나위가 없겠다. 도산서당은 우리가 건축가로서 늘 꿈꾸던 그런 집이었다.

대부분의 사람들은 집에 집착하고, 집의 크기에 집착한다. 현대의 집들은 늘어나는 살림과 욕망을 담으며 점점 커졌다. 집은 좁아지고, 사람들은 끊임없이 집 늘리기에 골몰한다. 사실 '보통의 인간'은 아주 작게 태어나서 아주 작은 집(땅)으로 돌아간다. 그런데도 그 삶의 중간에서 자신을 필요 이상으로 키우고, 결국 그 무게에 눌려서 버둥거린다.

그렇다면 우리에게 맞는 적합한 크기는 얼마만큼일까? 사람들은 가족이 늘어나고 나이가 많아지고 지위가 높아지는 삶의 여정에 따라 집도 커져야 하고, 그래야만 사회적 성공을 이룬 것이라고 믿는다. 그러나 화려한 집에 담기는 건 빈곤한 삶이다. 어느 날 물밀듯이 밀려오는 존재에 대한 회의처럼, 집에 대한 근원적인 질문에 봉착하게 될 것이다.

어느 날 충남 금산에 집을 짓겠다는 분을 만났다. 그는 노후를 아내와 함께 지낼 작고 소박한 집을 원했다. 설계를 맡기로 하고 9월로 접어들었지만 아직 후덥지근하고 무척 흐리던 날에 땅을 보러갔다.

금산 외곽 진악산이라는 푸근한 인상의 산이 북쪽으로 마주 보이는 언덕에 올라갔다. 남쪽으로 얕은 구릉에 집들이 가까운 거리에 점점이 박혀 있었다. 멀리 큰 저수지가 있었는데, 바람이 그 골짜기에서 빠져나와 이 땅을 거쳐 동네 언덕 사이로 빠져나가고 있었다.

한참 땅에 대해 궁리를 하다가 이윽고 집을 설계하기 시작했다. 애초에는 집의 크기를 132제곱미터(약 40평) 정도로 지으려고 했다. 방 세 개, 화장실 두 개, 부엌, 거실 등을 갖춘 일반적인 집이었는데 주인과 몇 달 이야기를 하고 진행하는 동안 여러 가지 사정으로 집의 크기를 줄이기로 했다.

+
'금산주택'은 진악산을 바라보는
동서로 긴 네 칸 반짜리 집으로,
건축주가 원했던 작고 소박한 집이다.

이왕이면 한옥 같은 느낌이면 더 좋겠다는 이야기를 나누다가 우리는 도산서당을 떠올리며, 진악산을 바라보는 동서로 긴 집을 권했다. 마침 건축주의 나이가 퇴계가 도산서당을 짓기 시작한 나이와 같았다. 교육자인 건축주와 책들과 학생들과 동료 선생님들을 위한 집이라는 프로그램도 비슷했다. 다만 다른 점은 서양식 목구조를 적용하되 한국 건축의 공간을 담고자 했다는 것이다.

그렇게 금산주택은 가로로 긴 네 칸 반짜리 집이 되었다. 처음엔 방을 한 칸만 하려다 손님을 고려해 두 칸이 되었다. 도산서당의 구성을 그대로 사저와 동쪽으로 두 칸의 마루를 놓았고 이어서 한 칸짜리 방 두 개가 이어지고 서쪽 반 칸에 부엌과 화장실, 보일러실과 다락을 집어넣었다. 다만 도산서당은 남쪽을 정면으로 두어서 들어서면 오른쪽에 마루 공간인데 반해 이 집은 북쪽을 정면으로 두어 들어설 때 왼쪽으로 마루 공간이 있다는 것이 다르다.

설계는 9개월이 걸렸지만, 땅이 유순해지고 꽃이 피는 봄은 공사하기 적합해서 한 달하고 열흘 남짓의 기간에 뚝딱 집이 올라갔다. 거주 면적 43제곱미터(약 13평), 마루 26제곱

ⓒ 박영채

미터(약 8평)의 소박한 집은 마루에 앉으면 산이 걸어 들어오고, 발아래 경쾌하게 흘러가는 도로를 내려다보는 시원한 조망을 가졌다. 마당은 널찍하게 비워놓았고, 옥외 샤워장과 데크는 야외 활동을 위해 준비된 공간이다. 이 집은 과거와 현재와 미래를 담았던 도산서당에 대한 우리의 경건한 오마주다.

사람을 닮은 집

자기 앞의 집

△
_____

 국도를 달리다 우연히 마주치는 길가의 집들을 무척 좋아한다. 낡은 흙담의 담배 건조장과 정미소 등 어떠한 과장도 없고 허세도 없으며, 필요에 맞게 형편에 맞게 지어진 집들이다. 그 안에는 건강한 삶들이 담겨 있다. 우리는 그런 집들을 민가라 부르고, 살림집이나 시골집이라 부르기도 한다. 거창하게 한옥이니 목조 전통가옥이니 하지 않는다. 그렇게 지어지고 그렇게 이 땅 위에 오래 살아남았다. 기후에 맞게 땅의 성질에 맞게 고쳐가며 개선해가며 형식을 만들었다. 혹독한 겨울 추위와 뜨거운 여름 더위를 막으며 사람들이 살 수 있는 안온한 덮개로 존재했다.

한옥이라는 단어가 전통가옥을 아우르는 명칭이 되었지만, 그 단어가 나온 것은 근대 무렵이었다. 서양에 문호가 개방되어 외국 문물이 국내로 유입되던 시기다. 우리보다 먼저 근대화에 성공한 많은 나라 중 유럽이나 미국의 문물은 대부분 외국에서 들어왔다는 뜻의 '양洋'자를 붙여 부르기도 했다. 음식은 양식洋食, 의상은 양복洋服·양장洋裝, 버선은 양말洋襪, 집은 양옥洋屋이라 불렀다.

그와 반대로 우리 전통가옥은 한옥이라고 부르던 것이 지금에 이른 것이다. 그러니 한옥이라는 단어는 사실 상대적 개념만 있지 전통가옥의 속성이나 느낌은 약하고, 어떤 특징이나 감정도 들어가 있지 않은 건조한 단어다. 또 한옥은 어느 시대부터 어느 시대까지라는 시간적 범위 없이 우리 민족이 우리 땅에 우리 기후와 지질 등 자연환경에 적응하며 지어 살던 집인데, 양식이나 표준도 명확하지 않다. 특히 살림집은 다양한 형식과 재료를 사용한다.

그러다 보니 무수한 오해와 억측이 난무한다. 대표적인 게 우리 민족은 대대로 온돌을 주 난방방식으로 사용했기 때문에 우리 건축은 늘 단층 규모인지라 도시적 밀도를 높이지 못해 발전하지 못했다는 주장인데, 그건 사실과 다르다. 온돌이 건축의 주 난방방식으로 자리 잡게 된 것은 17세기 이후로 그리 오래되지 않았다. '쪽구들'이라고 부분 난방의 형식으로 쓰이거나 환자나 노약자를 위해 일부 공간에 부분적으로 사용되었다고 한다. 그러던 게 200~250년 사이에 수요가 늘고 기술이 더욱 개발되며 보편적 난방 형식으로 자리 잡게 된 것이다.

그 이름이 무엇이건 우리의 집은 시대마다 변형되고 발전하며, 우리 기후와 정서에 맞는 음식처럼 인위적으로 바꾸려 해도 없어지지 않고 이어졌다. 그러나 20세기로 접어들고 우리 문화를 꼼꼼하게 말살한 일제강점기를 거치며 우리 문화 전체를 전근대적이라며 백안시하는 풍조 속에서 한옥 또한 외면받았다. 한옥은 빨리 개선되어야 할 구습舊習으로 치부되었고, 많은 한옥이 사라졌다. 그렇게 흐름이 끊어졌다가 21세기에 접어들면서 다시 한옥이 재조명되었다.

지금, 여기서 우리가 이야기하는 한옥이란 어떤 특정 시점의 주거 형식이 아니고 양식을 답습하는 것도 정답이 아니다. 북촌이라 불리는 서울 가회동 일대에 1930년대 지어진 근대 한옥들은 경북 경주 양동마을이나 경북 안동 하회마을처럼 오래전 지어진 대로 유지되어온 한옥과는 달리 도시 생활에 적합한 구조로 개량된 한옥들이다. 그러면 이 시대 우리의 집은 어떤 모습일까? 우리는 무엇을 이어받고 무엇을 되살려야 할까? 건축가로서 그 점이 하나의 화두다.

경북 영주 부석사 근처를 지나다 본 2층집이 하나 기억난다. 집의 규모는 정면 세 칸인데 자세히 보면 일반적으로 우리가 이야기하는 한옥과 사뭇 다르다. 일단 나무 기둥으로 뼈대를 잡고 회벽을 칠한 것 외에는 지붕이며 2층 창문이며 양식에 맞춰 지었다. 당시 구하기 쉬운 재료로 자신의 필요와 구상대로 편하게 지은 집이다.

이 집을 보며 한옥이다 아니다 평가할 필요가 없다. 그냥 그 시대에 그 동네에 사는 사람 집이다. 우리가 이야기하는 한옥이라는 유형의 집도 그런 과정과 그런 필요로 지은 집들의 총합일 것이다. 어떤 욕심도 없고 과시도 멋도 없는

그저 길가의 들꽃처럼 피어 있는 집들을 보면서 집의 의미에 대해 생각한다. 사람들이 모두 각자 다르게 자신의 인생을 살듯, 집도 그곳에 사는 사람을 닮은 집이어야 하고, 그래서 좋은 집이란 몸에 맞게 늘어나고 색이 바랜 평상복처럼 편안한 공간일 것이다.

산이 깊고 아름다운 부석사 근처, 사과밭 가운데 땅을 사서 찾아온 부부가 있었다. 워낙 산을 좋아해 산 가까이에 풍광이 좋고 고요한 곳에 집을 짓겠다고 했다. 생활은 단출하며 그저 차 마시는 공간이 있으면 된다는 단순한 조건을 이야기했다. 해결해야 하는 복잡한 동선이 없고 살림이 간소한, 소박한 삶에 어울리는 집이면서 자연과 어울리는 집이란 쉬운 듯 보이면서도 어려웠다.

나지막한 구릉에 편안하게, 예전에 이 땅에 살았던 분들이 집을 짓는 것처럼 짓기로 했다. 길고 얇은 네모난 평면 가운데 옛 대청과 같은 역할을 하는 거실과 부엌을 넣고 양쪽 끝에 안방과 다실을 겸한 손님방을 두었다. 남향으로 배치해 햇빛과 바람이 자연스럽게 집을 넘나들고 주로 좌식으로 사용할 다실에는 앉았을 때 비로소 보이는 낮은 창을 냈다. 집

+
'자기 앞의 집'은 복잡한 동선이 없고
소박한 살림에 어울리는 집이면서
자연과 어울리는 집이다.

앞뒤로 여유롭게 남은 땅과 자연의 경계에 담 대신 대문채를 하나 두어 여기서부터 집의 영역임을 암시했다. 그렇게 '자기 앞의 집'은 지금의 재료로 옛집의 정신을 담아 소백산 기슭에 앉혀졌다.

자연과 사람이 만나는 집

간청재

□

10여 년 전, 나는 지리산 천왕봉이 잘 보이는 경남 함양군 남쪽 끄트머리에 있는 마천에 집을 한 채 설계해 지었다. 지리산은 참으로 묘한 산이다. 그리고 나와 지리산의 관계도 참으로 묘한 인연의 고리로 엮어져 있다. 내가 말로만 듣던 지리산에 처음 간 것은 1996년 사무실을 열기 직전이었다. 그 후 사무실을 내고 처음으로 수주한 일이 지리산 중턱에 집을 짓는 일이었다.

이후 꼬리에 꼬리를 물고 이어지는 인연으로, 일이 하나 끝나면 또 다른 지리산 언저리의 땅이 우리를 찾아왔고, 그 일을 마치면 또 다른 일이 찾아왔다. 어떤 때는 지리산 무릎께에 어떤 때는 지리산 발치에 어떤 때는 지리산 등짝에……. 아무튼 나는 덕분에 중부고속도로를 거쳐 대전-통영 고속도로를 통해 지리산을 단골집 들락거리듯 다녔다. 그리고 덕유산을 지나고 지리산 근처에 이르면 무언가가 가슴을 '퉁' 하고 두드렸고, 묘하고도 묵직한 안도감에 휘감기기도 했나. 콧날이 시큰해지는 것이, 어떤 감동은 가슴을 거쳐 코로 오는 모양이라고 생각했다.

창원마을은 지리산 둘레길로 올라가는 길목이라 조용하다. 등산객들을 기다리는 민박집들이 지나가는 사람을 빼꼼 쳐다보는 동네다. 서울에서 내려가 산속에서 살겠다는 씩씩한 부부가 살게 될 집이었다. 그 땅은 원래 어떤 스님이 절을 지으려다 내놓은 땅이었다고 한다. 땅 모양을 보니 길쭉한 것이 역시 절 배치에 어울리긴 하는데, 참 묘하게도 길기는 하지만 깊지 않았다.

계단식 논이었던 곳에 흙을 덮고 축대를 쌓아 원래의 지형이 거의 그대로 남아 있었고, 고급 석재로 유명한 마천석이 땅 위로 데굴데굴 굴러다니고 있었다. 까만 돌에는 반짝반짝 칠흑 같은 밤에 별이 떠 있는 것처럼 은색의 금속성 점들이 깨알같이 박혀 있었다. 나는 신기한 운석이라도 되는 듯 그 돌을 하나 주워서 서울로 가져왔다.

    부부는 집이 클 필요는 없고 공사비도 많이 들지 않기를 바라며, 땅에 어울리는 '우리나라 집'을 짓고 싶다고 했다. '우리나라 집'이라는 것이 참 묘한 이야기인데, 나는 거창한 해석으로 의미를 부여하기보다 그 말을 그냥 '편안한 집'이라는 의미로 받아들였다. 그 '우리'라는 개념에는 소유나 영역의 의미보다는 친숙함과 편안함이 진하게 배어 있다고 생각했다.

    설계를 진행하며 평일에는 시간이 나지 않는 건축주 부부와 주로 밤이나 주말에 만나서 이야기를 나누었는데, 그런 시간의 대화는 당연히 편안하고 즐겁게 진행되었다. 덩달아 설계안도 떡집에서 가래떡이 뽑아져 나오듯 편안하고 부드럽게 나왔다.

    설계가 끝나고 집터를 잡으러 땅에 갔을 때, 그동안 여러 번 이야기를 들었던 인근 실상사에 계신다는 스님 두 분이 와 계셨다. 집터를 소개해주었다는 분들인데, 알고 보니 건축주의 친척이 되는 스님은 덩치가 크고 목소리도 크며 마음은 더욱 커 보이는 후덕한 인상이었다. 또 한 분은 상대적으로 가냘픈, 그러나 매사에 신중하고 차분한 인상이었다. 아버지와 어머니 같았다.

5월 어느 날 구름 한 점 없이 맑은 날이었다. 날이 아주 좋아 지리산이, 특히 천왕봉이 말갛게 세수를 하고 우리를 매초롬한 눈빛으로 쳐다보고 있었다. 내가 지리산 천왕봉을 그렇게 정면으로 눈을 마주치며 본 것은 맹세코 그날이 생전 처음이었다. 지리산 주변을 그렇게 뱅뱅 돌면서도 한 번도 마주친 적이 없었는데, 그날은 어떤 인연이 닿았는지 어떤 운이 들었는지 모를 일이다. 어떤 예고도 없이, 어떤 장엄한 팡파르도 없이 천왕봉이 스윽 하며 성큼 우리 앞에 나타난 것이다.

부부와 스님들에게 집 앉힐 자리를 설명했더니 어머니 같은 인상의 스님이 그 방향이 아니라며 성큼성큼 걸어가서는 "여기야"라고 했다. "안산案山이 저기고 주산主山은 저기"

+
지리산 천왕봉이 마주 보이는 '간청재'는
단순한 일자집의 형태에
삼면이 자연과 만나는
누마루를 내단 것이
이 집의 유일한 호사다.

라며, 스님은 우리 앞으로 펼쳐진 수많은 봉우리 중에서 제일 둥글둥글하고 순하게 생긴 봉우리를 바라보는 방향으로 집터를 고쳐주었다.

매화를 보는 집, 빗소리를 들으며 친구를 초대해 차를 마시는 집, 창밖의 달도 '나도 끼워줘' 하며 함께 자리하는 집, 간청재. 집의 이름 또한 상량식 하는 날 스님들이 오셔서 지어준 것이다. 그날은 비가 추적추적 내리는 여름의 한가운데였다. 불그스름한 가사를 두르시고 한 스님이 정중하게 식을 주관하고, 또 다른 스님이 상량문을 물 흐르듯 써주셨다. 많은 사람이 그 모습을 지켜보는 사이, 건너편 지리산에서 왼쪽부터 나란히 서 있는 두류봉, 하봉, 중봉, 천왕봉, 제석봉 등이 구름 너머로 같이 지켜보았다. 깊고 고적한 산속에서 아주 흐뭇하게 식이 진행되었다.

간청재의 주인들은 처음부터 누마루를 하나 갖고 싶다고 했다. 별을 보는 다락방을 갖고 싶다는 사람처럼, 집 안에 고급 싱크대를 놓고 싶다는 사람처럼, 그들은 누마루를 원했다. 입식 가구 대신 소반 정도 두고 책도 읽고 밥도 먹는 좌식 생활로 돌아가는 대신, 바람이 잘 통하고 자연을 사방으

ⓒ 박영채

로 느낄 수 있는 둥실 떠 있는 누마루는 예외적으로 누리는 약간의 호사 같은 것이었다.

단순한 일자로 된 집의 오른쪽 끄트머리에 달린 누마루는 여름에는 삼면을 열어놓고, 멀리서 간혹 얼굴을 내미는 지리산 마고할미인 천왕봉과 눈을 맞출 수 있는 곳이다. 그리고 집 앞으로 삐쭉 튀어나와 사람의 얼굴로 치면 코와 같은 느낌을 주는 공간이기도 하다. 여름에는 문을 모두 열어 자연의 풍광을 즐기는 정자로 쓰고, 겨울에는 문을 모두 닫으면 방으로도 쓸 수 있다. 간청재의 누마루는 이 집에서 전망이 제일 좋은 곳이고 제일 시원한 공간이다.

도시에 살던 사람들이 자연과 직접 만나기 위해 이곳의 땅을 찾았고, 우리는 그 땅에 사람들이 무리 없이 자연의 흐름에 앉을 수 있도록 집을 설계했다. 그리고 자연과 또한 자연의 일부인 사람이 "당연하게도" 만나게 되었다.

시간의 우물에서 길어올린 집

도문 알레프

△
_____

우리는 부부 건축가다. 집을 짓는 일은 대부분 부부가 찾아와 어떤 땅에 자신들이 꾸고 있는 꿈을 펼쳐달라고 의뢰하면서 시작된다. 대부분 우리 부부와 세상 사는 이야기나 집을 짓게 되면 펼쳐질 새로운 생활에 대한 이야기를 나누며 설계가 진행된다.

대략 반년에서 1년 정도 설계를 하고, 공사까지 진행하면 거의 2년 정도 만나게 된다. 요즘은 친척이나 형제도 1년에 한 번 만나기 어려운데 한 달에 두어 번씩 1년을 넘게 만나다 보면 서로 많이 알게 되고 허물도 없어진다. 처음엔 건축주와 건축가의 관계로 만나지만, 일이 끝날 때가 되면 거의 친척처럼 가까워지기도 한다. 강원도 속초에 지은 집의 주인이 바로 그런 경우였다.

어느 날 부부가 강원도 속초 도문동에 집을 짓고 싶다며 찾아왔다. 도문동은 시내를 조금 벗어나 설악동으로 들어가는 길목인데, 속초에서는 가장 오래된 동네라고 한다. 그분들은 원래 서울에서 살다 회를 워낙 좋아해 속초에 자리를 잡은 지 꽤 되었고, 집에 대해 오래 이야기하면서 설계를 하고 싶다고 했다.

물론 집 짓는 일은 나무나 철이나 유리를 땅 위에 세우고 붙이며 지어 나가는 일이지만, 사실 집의 가장 중요한 재료는 생각이다. 그리고 땅 위에 이야기를 입히는 일이기도 하다. 늘 그런 주장을 하는 우리에게 그런 부탁은 오히려 바라던 바였다.

이야기는 주로 어릴 때 살던 동네 이야기, 아이들 이야기 등 격의 없이 서로의 이야기를 꺼내며 시작되어 점점 확장된다. 예전에 펌프에 물을 한 바가지 부어 넣고 펌프질을 하면 삐걱삐걱 소리가 나다가 서서히 땅속의 물이 솟아 나오는 일과도 흡사하다.

더불어 땅의 이야기를 듣는 것도 무척 중요하다. 속초에 땅을 보러 간 날, 넓은 땅 한 구석에 33제곱미터(약 10평) 정도 되는 철거가 예정된 낡은 집이 한 채 있었다. 밭 전田자 모양으로 방을 겹쳐놓은, 추운 지방 고유의 주거 형태인 겹집이었다. 오래된 나무 외장은 세월이 쌓여 멋지게 변색되어 있었고, 녹슨 철판 지붕은 낡았지만 집과 한 몸이 되어 자연스러워 보였다. 조금만 손을 보면 당장이라도 들어가 살아도 될 정도였다.

새로 지을 집을 설계하기 위해 간 것이긴 했지만, 우리가 보기에는 집이 너무 멀쩡해서 허물기는 아깝다는 생각이 들었고 부부에게 한번 고쳐보자고 권유했다. 그렇게 해서 새집을 설계하는 중간에 오래된 집을 고치는 일을 진행했다. 공사가 시작되자 늘 그렇듯 예기치 못한 여러 일이 생겼다. 일단 등기도 없어 몰랐던 옛집의 나이가 100년도 훌쩍 넘었다는 걸 알게 되었다. 지나던 동네 어르신이 "내가 태어나 자

ⓒ 박영채

란 집"이라고 했는데, 그분 말씀으로는 설악산 울산바위 앞 암자에서 옮겨온 집이라는 거였다.

이 집에는 성주신 두 명이 있다는 것도 알게 되었다. 하나는 집을 옮겨올 때 따라온 설악산 암자의 성주신이고, 하나는 여기 도문동 터에 살고 있던 성주신이다. 그런데 설악산 성주신이 위계가 더 높아서 사사건건 도문동 성주신에게 상전 노릇을 했다고 한다. 사실 이 이야기는 모두 목수가 자다가 꾼 꿈 이야기다.

그가 일이 너무 힘들어 중간에 빠지려고 고민하던 어느 날 밤 꿈에 도문동 성주신이 나타났단다. 성주신은 집을 잘 고쳐주어서 고맙다고 했고, 이 공사가 끝나면 자기가 설악산 성주신에게 내쫓긴다며 일을 다 끝내지 말고 조금 남겨놓으라는 당부까지 했다. 잠에서 깬 목수는 꿈이 너무 생생해서 마음을 고쳐먹고 열심히 일을 하고 있다고 이야기했다.

세상에는 우리가 모르는, 보이지 않지만 존재하는 것이 많이 있다. 성주신의 존재를 장담할 수는 없지만, 집을 지을 땅을 만나는 일은 아주 신기한 인연의 끈이 당기는 일이다. 옛집을 허물어 주차장으로 쓰려고 계획했던 건축주가 우리와

+

'도문 알레프'는
원래 있던 옛집의 모양과 닮고,
집을 에워싸고 있는 산들과도
비슷한 모양이 되었다.

만나며 집을 살리게 된 그 일련의 과정이 단순한 우연의 결과로 보이지 않았다.

우리는 땅이 가지고 있는 과거를 복원했다. 가끔 집을 살려내는 일을 할 때마다, 오래된 집에는 아주 복잡하고 깊고 깊은 자아ego가 있다는 생각이 든다. 보통 집을 짓는다는 것은 건축주와 건축가와 땅이 서로 자기주장을 하는 것을 들어보고, 의견을 교환하고 서로 양보하며 아주 복잡한 방정식을 푸는 일과 같다.

도문동 옛집은 신들이나 주인이 얼마나 만족했는지 알 수 없지만, 말끔해지고 다시 온기가 돌기 시작했다. 옛집을 고치며 건축주는 원래 짓고자 했던 새집에 대한 생각이 바뀌었다. 막연히 큰 집 혹은 튼튼한 집을 그리던 것에서, 삶에 적당한 크기와 편안한 재료에 대해 생각하게 된 것이다. 그래서 새집인 '도문 알레프Aleph in Domoon'도 원래 있던 집의 모양과 닮고, 집을 에워싸고 있는 산들과도 비슷한 모양을 가지게 되었다.

주인의 가장 큰 소망은 음악을 마음껏 소리 높여 들을 수 있는 음악실을 만드는 것이었다. 설계 초기 집 내부에 배치했던 음악실이 분가해서 별채로 나왔다. 일자로 길게 방과 부엌을 배치한 안채와 거실 겸 음악실, 다락을 겸한 사랑채로 구성된 두 채의 집은 모두 남향으로 햇빛이 잘 드는 집이 되었다. 그렇게 해서 하나의 땅에 세 채의 집이 산봉우리처럼 땅 위에 불쑥불쑥 솟아올랐다.

수평과 수직이 만나는 집

선의 집

△

———————————

나는 가본 적은 없지만, 르네상스 시대의 미술가 미켈란젤로 Michelangelo, 1475~1564의 작업실에는 'Nulla dies sine linea'라고 쓰여 있었다고 한다. 라틴어인데 번역하면 '선을 긋지 않고 하루를 보내지 마라'는 뜻이다. '하루라도 글을 읽지 않으면 입안에 가시가 돋친다'는 금언처럼 비장하다.

예술가의 기본을 강조하는 덕목인 듯하다. 선을 긋는다는 것은 드로잉을 의미하는 것이고, 기본을 끊임없이 다져나간다는 의지의 표현일 것이다. 그림을 그리거나 조각을 하거나 어떤 조형이나 공간을 창조하는 예술인에게도 드로잉은 가장 기본이 되는 일이다. 그래서 선이란 단순히 연필이나 붓으로 종이에 자국을 남기는 것이 아니라 정신적인 어떤 경지를 지향한다. 때로는 선 하나가 굉장한 묘사가 들어간 그림보다 많은 정신을 표현하기도 한다.

한국의 선은 어떤가? 무척 모호한 선이다. 버선코처럼 무언가 뾰족한 듯하면서도 뭉툭하고 우리 도자기의 선처럼 우아하지만 그 의미를 알 수 없는 무어라 표현하기 힘든 곡선이다. 의도를 명확하게 알 수 없는 묘한 곡선이 보인다.

그런데 가만히 생각해보면, 우리의 범종梵鐘 곡선이 그렇고 한량무閑良舞나 승무의 춤사위가 그렇다. 선을 부드럽게 긋는데, 어깨의 힘을 빼고 작위적인 선을 경계하며 무심히 그려내는 선이라는 생각이 든다. 그것은 아마 오랜 시간 이 땅에서 살아오며 자연스럽게 스며든 땅의 의지라는 생각이 든다.

건축 또한 궁극적으로는 땅속에 숨어 있는 의지를 찾아내는 일이다. 그럴 때 건축가의 역할은 다른 차원의 존재 속에 숨어 있는 의지를 찾아내는 주술가와 같고 땅속에 숨겨진 시간을 복원해내는 고고학자와 비슷하다.

충남 아산의 염치저수지는 매우 풍광이 좋다. 그래서인지 저수지를 빙 둘러 집들이 들어섰다. 산이 적당한 거리로 물러서 있으며 저수지의 수량도 아주 넉넉하다. 그리고 남쪽은 훤하게 열려 있다. 호수라고 하면 무언가 정서적이고, 저수지라고 하면 무언가 너무 기능적인 이름이고 건조하다는 이상한 선입견이 있다. 동네를 품어 안은 저수지의 이름에 들어간 염치廉恥라는 말은 체면 혹은 세상을 살아가는 데 최소한의 인간적인 자각을 뜻하는 우리말이다. 또 염치는 '소금고개'라는 뜻이기도 하다.

어떤 사람이 그곳에 있는 널찍한 땅을 마련해서 건축설계를 의뢰했다. 근처에서 사업을 하는 50대 초반의 신사였는데, 음악을 좋아하고 멋진 오디오를 갖춘 음악실을 갖기를 원했다. 집을 앉힐 땅에 간 날은 햇살이 좋은 봄날이었는데, 나뭇잎의 색도 아주 좋았다. 조금은 건조하고 속도가 빠른 국도를 한참 달리다 좁은 길로 접어들었다. 이윽고 염치저수지가 나왔다. 그리고 비어 있는 땅에 도착했다. 풀이 대충 자라고 있었고 훤칠한 소나무들이 땅의 끄트머리에 윤곽선을 따라 서 있었다. 가로로 길게 펼쳐진 수평적인 물과 수직의 소나무가 주는 풍경이 인상적이었다. 그리고 땅도 가로로 긴 형상이었다.

대지와 물 사이에는 4미터 정도 높이 차이가 있었는데, 가까이 가서 내려다보니 저수지와의 사이에 논이 있었다. 그 논에는 물이 찰랑거리고 있었다. 땅의 가운데서 보면 막힘없이 물이 쭉 펼쳐지고, 내 시야에서 물이 끝나는 부분 양쪽으로 산이 보이고 하늘이 열리고 있었다. 아주 편안한 땅이었고, 거칠 것도 없는 땅이었다. 바꿔 말하면 무엇이든 해도 되지만 무엇을 해야 할지 알기 힘든 땅이기도 했다. 이 땅에는 수직이든 수평이든 선을 죽 그어야겠다는 생각을 했다.

건축에서 선이란 책임이 따르는 행동이다. 단순히 종이에 가지런히 흔적을 만드는 것이 아니라, 조금 전에 그은 선과 지금 긋는 선이 어떤 관계를 맺게 되는지에 대해 생각해야 하는 일이기도 하다. 점과 점, 선과 선은 일정한 간격을 가져야 한다. 너무 가까워져도 안 되고 너무 멀어져도 안 된다. 일정해야 하고 객관적이어야 한다. 그런 생각을 하며 설

+
'선의 집'은 원래부터 자리 잡고 있었던
수직의 훤칠한 소나무와 어우러지며
땅의 결에 맞춰서 앉혀졌다.

계를 시작했다.

　일단 집을 지을 땅을 종이에 그렸다. 땅을 그려본다는 것은 그것을 이해하기 위한 수단이다. 나는 주로 이 방식으로 땅을 이해하고 땅과 대화를 한다. 물론 땅이 내가 알아들을 말로 이야기한 적은 한 번도 없다. 다만 내가 묵묵히 선을 이어가며 땅을 그리고, 주변의 풍경을 그리고, 풀이나 나무를 그리고, 해가 만들어내는 빛과 그림자를 그리다 보면, 어느새 땅의 색과 냄새가 내 몸 안으로 스며들고 있음을 느낀다.

　건축주는 우리에게 자신의 생활을 설명했고 자신의 기호를 설명했다. 우리는 건축주의 요구를 우리가 이해한 땅의 결에 맞춰서 앉혔다. 앞에 있는 저수지와 최대한 거리를 두고, 땅의 끄트머리에 가로로 긴 선을 긋고 그 선에 여러 가지 기능의 공간들을 앉혔다.

　집을 도로와 물과 평행하고 길게 펼치고, 필요한 공간들, 즉 부엌과 거실, 가족의 침실, 주인이 머물며 음악을 들을 별채를 차례로 연결했다. 그리고 각 공간의 사이마다 마당을 끼워 넣었다. 땅의 흐름을 그대로 반영해 살짝 꺾인 집을 도로에서 볼 때, 자칫 장벽같이 단조롭게 보이지 않도록

ⓒ 박영채

중간중간 바람이 들락거리고 시선이 들락거릴 수 있는 구멍을 뚫어주었다.

 집은 여러 개의 마당을 품으며, 실제보다 길어 보였다. 수평으로 길게 뻗어나간 집은 원래부터 자리 잡고 있었던 수직의 소나무와 어우러지며 대지에 처음 그렸던 선의 의지를 확인시켜주었다. 우리는 이 집의 이름을 '선의 집casa linea(까사 리네아)'으로 부르기로 했다.

자연이 주인인 집

평온의 집

△
_____

'평온의 집'은 유네스코 세계유산 중 하나인 경남 양산 통도사 근처에 있다. 통도사는 승보사찰 송광사, 법보사찰 해인사와 더불어 우리나라의 삼보사찰 중 하나다. 신라 선덕여왕 12년(643년)에 자장율사가 창건한 유서 깊은 사찰로 부처의 진신사리를 모시는 불보사찰이다.

통도사에는 대웅전, 극락보전, 대광명전, 용화전, 약사전 등 부처를 모신 많은 집이 있지만 정작 중심이 되는 대웅전에는 석가모니가 없다. 부처가 있을 자리에 그저 빈 방석이 하나 놓여 있을 뿐이다. 부처의 진신사리를 보관한 탑이 대웅전 너머 금강계단에 있기 때문이다. 부처가 항상 그곳에 있다는 상징성을 띠고 있는 곳이기 때문에 굳이 대웅전에 불상을 모실 필요가 없다. 부재한 부처를 만남으로써, 보이지 않지만 존재하는 진리를 더욱 분명하게 깨닫게 해주는 것이다.

보통 사찰 근처는 제법 번화하고 사람도 많이 모이는데, '평온의 집'의 주변은 소란스럽던 인간의 세상을 지나서 오래된 원시림 안으로 들어간 것처럼 한적하고 그윽한 분위기를 갖고 있다. 통도사로 들어가기 위해서는 입구를 지나 한참 들어가야 하는데, 마침 이 집 근처에 통도사 쪽으로 쉽게 들어갈 수 있도록 연결된 지름길이 숨어 있다. 그것은 서론 없이 바로 본론으로 들어가는 것과도 비슷하다.

보통 설계를 할 때 건축가는 건축주의 생각이나 가족의 라이프스타일을 파악하기 위해 오랜 대화를 나누며 탐색을 한다. 그런데 이 집은 건축주의 취향이 뚜렷하고 원하는 바가 분명해서, 땅의 느낌과 비슷하게 곧바로 본론으로 들어갈 수 있었다.

건축주는 우리가 예전에 설계했던 '금산주택'이라는 집처럼 단아하고 전통적인 느낌이 드는 집을 원했다. 금산주택은 현대적인 경량목구조 방식으로 한옥의 느낌을 살리며 설계했던 집이다. 건축주는 일터에서 치열하게 일하고 돌아오면 편안하게 가족과 함께 쉴 수 있는 복잡하지 않고 단순한 집, 그 대신 주방과 거실은 넓고 시원한 공간으로 꾸미고 싶다고 했다. 그리고 집의 모든 방향으로 다양한 정원을 접하고 싶다는 것이 전부였다. 전통적인, 한국적인 건축을 구현하기 위해 단지 그 형식만 빌려온다고 해서 끝나는 것은 아니다. 무엇보다도 땅을 '읽고 해석하는' 일이 중요하다.

몇 년 전, 미국을 방문해 필라델피아에 있는 대학에서 우리의 건축설계와 한국의 건축을 주제로 강연을 한 적이 있다. 마침 K-팝 등 한국 문화가 한창 인기가 오른 덕에 영어 대신 자막을 달고 우리말로 강연을 진행했다. 강연 내용은 건축설계를 하는 데 땅이 아주 중요한 인자이며, 한국 건축에서는 땅과의 관계가 더욱 특별하다는 것이었다. 강연이 끝나자 많은 질문이 쏟아졌는데, 첫 질문은 "도대체 왜 건축에서 땅이 중요한가?" 하는 것이었다. 우리는 의아해하며 오히

+
'평온의 집'은
동서남북의 모든 방향으로
외부의 정원과 연결되어 있어
자연이 이 집의 주인이 된다.

려 반문했다. "왜 땅이 중요하지 않은가?"

우리나라는 22만 제곱킬로미터의 면적 중 산지가 70퍼센트 정도 되는, 말하자면 주름이 많은 땅이다. 그 깊은 주름을 펼치면 표면적이 아주 넓어지는데, 오랜 세월이 쌓이며 땅의 자아도 더욱 견고해졌다. 게다가 태풍이나 폭설, 집중 강우가 자주 찾아오고, 사계절이 거의 뚜렷하고 연교차도 50도를 넘나든다. 이런 기후를 대비하며 건물을 짓다 보니, 북방식의 온돌과 남방식의 마루 등이 결합한 형식이 등장하는 등 오랜 시간에 걸쳐 땅을 존중하고 경외하는 건축관이 생겨났다.

사실 땅을 제대로 읽는 일은 그리 쉽지 않다. 어두운 극장으로 들어가서 어둠에 눈이 익을 때까지 기다리는 것과도 비슷하다. 집 지을 땅을 천천히 둘러보니 땅의 주변을 둘러싼 산의 골격이 우람하고, 서쪽으로는 잘생긴 소나무숲이 에워싸고 있어 매우 평온하고 고요했다. 동서로 길게 평평한 대신 남북으로 경사가 있어 그 흐름을 살리는 게 자연스러웠다. 무리하게 축대를 쌓거나 하지 않고, 산과 산이 마주 보는 시선을 방해하지 않고, 오래된 숲과 구릉과 조화를 생각하며 무겁지 않게 집을 얹었다.

모든 방이 남향이 되는 길고 얇은 집은, 한국인들에게는 너무 익숙하고 오래 봐오던 민가의 형태이기도 하다. 언젠가 부석사 근처에서 보았던 변형된 민가의 형태를 떠올리며 1층에 주 생활공간이 있고 2층에서 주변을 전망하는 다락 형태의 누마루가 있는 공간을 응용해보았다. 먼저 1층에는 두 개의 방을 양 끝에 두고 가운데에 거실과 주방을 두었다. 현관이 따로 있긴 하지만 대청마루 같은 거실을 통해 마당으로 바로 향할 수 있고, 각각의 방에도 독립적인 정원으로 면한 별도의 마루가 있다.

얇고 긴 구조목으로 형성된 서까래는 둥그런 한옥의 서까래에 비해 어쩔 수 없이 날카로운 느낌을 준다. 그래서 내부는 중목 구조의 느낌을 살려 두껍고 단단한 기둥들을 배치했다. 앞뒤의 전망이 훌륭한 2층에는 지붕 아래 마루 공간을 두어 먼 풍경까지 시야를 확장할 수 있도록 했다. 이를테면 바깥으로는 드러나지 않는 내장형 누마루인 셈이다. 지붕은 차분한 느낌의 평기와를 덮었다.

거실과 앞마당 사이에 툇마루를 배치하고, 동서남북의 모든 방향으로 외부의 정원이 바로 연결된다. 소나무숲 너머

ⓒ 박영채

로는 보이지 않지만 존재하는 통도사가 있다. 건축은 그 풍경들이 서로 건너다니는 통로가 되었고, 집을 둘러싼 자연과 정원이 이 집의 실제 주인이 되었다.

비상하면서 내려앉는 집

네 개의 날개를 가진 집

⌐⌐

―――――――――――――――――

강화도는 서울에서 가까운 거리에 있는 섬이다. 섬이라고는 하지만 서울을 가로지르는 한강을 건너는 것보다 폭이 좁은 다리를 통해 건너가는 곳이다. 그곳에서 800여 년 전 고려는 몽골의 침략을 피했고, 150여 년 전 서양의 근대가 이곳을 통해 전달되었다. 더 이전으로 가면 청동기시대의 고인돌 유적이 산과 들에 여기저기 남아 있는 곳이다. 말하자면 매우 다양한 시간의 무늬가 방금 몸에 새긴 문신처럼 생생하게 남아 있는 곳이다. 그런 땅에 가면 어디선가 묘한 음향이 들리는 것 같은 착각을 한다.

한강을 끼고 강화도를 향해 달려가면서 바라보면, 그 섬은 육지에서 떨어져나간 지 얼마되지 않은 것처럼, 아니 대륙에서 육지로 도착 직전의 땅덩어리처럼 바짝 다가서 있다. 그 덕분에 아주 얇아진 바다를 건너 강화도에 도착한다. 다리를 건너 조금 들어가면 선행리라는 동네가 나온다. 신선 선仙자와 은행나무 행杏자로 만들어진 이름이다.

여기저기 예전에 쌓아놓은 성벽이 퇴각하지 못한 '시간의 병사들'처럼 매복해 있고, 제법 오래된 은행나무며 느티나무가 성벽과 같이 모여서 수군거리고 있다. 정작 신선 같은 풍모를 가진 은행나무는 보지 못했는데, '신령스런 은행나무'라는 이름으로만 남은 것 같다. 모든 것이 이름으로 남는다. 현실과 그런 꿈을 잇는 것은 그것을 받아들이는 생명체의 상상력에 절대적으로 의존한다.

강화도가 고향인 건축주가 우리 사무실을 찾아왔다. 늘 그렇듯 건축가의 일은 어떤 사람이 어느 날 우연히 찾아오면서 시작된다. 셜록 홈스를 찾아온 의뢰인처럼. 다만 여기는 어떤 음모라든가 어떤 어려움이라든가 어떤 미움과 증오 그런 것은 없다. 오히려 그들은 희망을 안고 찾아온다. 그 희망으로 가슴을 가득 채운 사람이 우리를 찾아와서는 한 꾸러미 책상 위에 쫘르륵 펼쳐놓는다. 우리는 그 이야기를 들으며 함께 꿈을 꾼다.

사실 꿈이라는 것은 극히 개인적인 상상이다. 그러나 그 상상은 우리 몸에 몇 개 있는 불수의근不隨意筋처럼 도통 통제가 안 된다. 그리고 너무나 솔직해서 당황스러울 때가 많다. 꿈이라는 것, 건축이라는 것, 건축이란 결국 땅과 사람이 함께 꾸는 꿈이다. 그 꿈을 구현히는 사람이 건축가다. 건축주의 꿈은 고향의 땅에 자신의 삶을 담는 집을 짓는 것이었다. 믿을 만한 건축가를 오래 생각했고 우리를 찾아왔다고 했다. 우리는 함께 꿈으로 들어갔다.

강화도라는 땅은 무척 차갑다. 차갑다는 것은 온도를 이야기하기도 하지만 분위기를 이야기하기도 한다. 여기서는 분위기다. 끈적함이 없다. 그렇다고 메마르지는 않은 이상한 느낌이다. 그리고 산들이 예리하지만 그렇다고 사람을 벨 정도로 날이 바짝 서 있지도 않다. 요즘 표현으로 말하자면 아주 '쿨'한 느낌의 땅이다.

어떤 곳인지 대강 짐작은 갈 것이다. 우리는 그런 땅 안으로 들어갔다. 앞에 산이 있고 뒤에도 산이 있다. 국토의 70퍼센트가 산이며 산과 함께 살아가는 통상적인 한국의 땅이다. 산과 산 사이에는 얕은 하천이 흐르고 집을 지을 땅이 좌우로 길게 펼쳐져 있었다. 그래서 다양한 층위가 겹겹이 포개져 있는 것 같았다. 그 날개로 집은 비상한다. 혹은 날개를 접으며 땅 위로 착륙한다.

산에 가까이 붙은 건물은 주택이다. 정면에서 보면 왼쪽부터 공적인 영역에서 사적인 영역으로 넘어간다. 차례로 손님방과 가족실, 거실, 마지막으로 1층과 2층에 침실이 있다. 그리고 집의 중앙에는 삼각형을 하나 세워놓았다. 그 공간은 천창天窓을 달고 있는 화장실인데, 그 주위로 계단이 돌아간다. 작은 부분이지만 시선을 끄는 공간이고 연계의 공간이다. 수평적인 평면과 사선으로 구성된 지붕, 수직의 요소로 공간에 움직임을 준 것이다.

수평과 수직, 사선으로 구성된 집은 아주 단순하다. 이곳에서 부부가 살고, 출가한 자식과 손자들이 가끔씩 놀러

+
'네 개의 날개를 가진 집'은
두 개의 날개는 비상할 듯 펼쳐지고,
두 개의 날개는 부드럽게 땅에 내려앉는다.

온다. 계단을 기준으로 오른쪽의 영역은 부부를 위한 사적인 공간이고, 가족들과 방문객들을 위한 공간은 거실 서쪽에, 주로 재택근무를 하는 주인은 집의 중심인 거실에 업무 공간을 꾸며놓았다.

도로에서 보면 앞쪽으로 나와 있는 건물은 카페다. 주택을 먼저 짓고 나서 1년 후, 주인은 남은 땅에 차를 끓이고 사람들을 맞는 작은 가게를 만들고 싶다고 말했다. 우리는 하늘로 날아오를 것처럼 날개를 활짝 펼친 집 앞에, 또랑거리며 부드럽게 감아서 돌아가는 작은 개울을 닮은 형상을 제안했다. 땅의 흐름대로 새로 지을 건물을 짓는 데 서로 의견을 맞추고 보니, 남은 땅은 얇고 길었다. 80제곱미터(약 24평)의 소규모 카페인데 내부는 뻥 뚫려 시원하게 느껴진다.

땅의 결대로 늘어놓다 보니 곡선 두 개가 만나는 형상으로 설계했고, 결합되는 부분에 천창이 달린 사각형 박스를 집어넣었다. 검은색 벽돌로 외벽을 두른 주택과 대비되도록, 하얀색 벽과 지붕으로 만들었다. 카페는 주택에 비해 규모는 훨씬 작지만 날아갈 듯 날카로운 직선의 날개와 대조되며 집의 첫인상을 부드럽게 만들어준다. 카페의 이름은 스페인어

ⓒ 박영채

로 작은 개울이라는 뜻을 가진 '모아로moarro'라고 붙였다.

강화도에 새겨진 오랜 시간의 무늬와 산과 산이 마주 보는 땅의 흐름대로 건물 두 동이 완성되었다. 두 개의 건물은 서로 상반된 형상과 색깔을 가지고 있으며 강한 형상과 부드러운 형상이 병치되어 있다. 그 사이로 오솔길이 집의 흐름대로 곡선으로 부드럽게 흘러서 간다.

건축가의 선택은 당연히 땅의 결을 읽고 그 결에 벗어나지 않는 집을 앉히는 것이다. 좌우로 길게 그러나 앞뒤의 제약에서 벗어나려고 하다 보니 양쪽 옆구리로 날개가 솟아올랐다. 두 개의 날개는 비상할 듯 펼쳐졌고, 두 개의 날개는 부드럽게 땅에 내려앉았다. 그렇게 건축주의 꿈은 '네 개의 날개를 가진 집'으로 실현되었다.

즐거움을 끝없이 펼치는 집

장락재

△
_____

퍼내도 퍼내도 마르지 않는 샘과 같은 책이 있다. 바로 세상 어디에도 없는 한 왕조의 500년 기록으로, 당시의 삶을 추측하고 상상할 수 있는 엄청나게 많은 이야기가 담겨 있는 『조선왕조실록』이다.

오래전 건축 역사를 공부하는 선배가 젊은 시절 『조선왕조실록』의 영인본을 몇 달 월급이 되는 돈으로 아내 몰래 샀다가 집에 들이지 못해 전전긍긍했다는 이야기를 들려주기도 했다. 이제는 그 귀한 책의 내용을 모두 디지털화해 언제라도 읽을 수 있다. 『조선왕조실록』을 읽는다는 것은 문이 여러 개 있는 방에 들어가는 것과 같다. 어느 문을 열더라도 각기 다른 시공간과 이야기의 세계가 펼쳐진다.

그중 「현종실록」에 재미있는 이야기가 있다. 1662년(현종 3년) 7월 28일의 기사인데 제목은 '호남 무안현의 남녀가 고기잡이를 하다가 광풍을 만나 유구국까지 표류하다'이다.

"호남 무안현務安縣의 남녀 18인이 섬에 들어가 고기잡이를 하다가 갑자기 광풍狂風을 만나 유구국琉球國까지 표류했다. 그 나라 사람들은 삭발하거나 장발 차림이었는데 언어가 통하지 않아 어느 나라 사람인지 알아차리지 못했다. 그러다가 그들이 북 하나를 가지고 앞에 와서 손으로 가리키며 고무鼓舞(북을 치고 춤을 추다)하는 모양을 지었는데, 우리나라 사람들이 그 뜻을 알아채고 노래를 부르며 북춤을 추자, 그때에서야 그 사람들이 고려인이라고 부르면서······."

바다에서 길을 잃고 낯선 곳에 표류했지만 노래를 부르고 춤을 추는 모습을 보고 조선 사람임을 알았다니, 우리 민족의 유전자 안에 내장된 흥과 신바람을 확인할 수 있다. 우리 민족은 어떤 고난에서도 그 상황을 즐거움으로 치환하는 말릴 수 없는 '선천적 낙천성'이 있다. 불리한 지리적 환경과 역경 속에서도 우리가 빠르게 발전할 수 있었던 것은 그런 낙천성이 원동력이었다고 생각한다.

2024년 12월 느닷없는 계엄으로 사회가 극도의 혼란에 빠졌을 때도 사람들은 광장으로 모였다. 그리고 그 살벌한 상황에서도 유머를 잃지 않고 한바탕 잔치처럼 집회를 했고, 우리는 그 광경을 실시간으로 함께 보았다. 그것이 바로 한국인의 기질이며 마음이다. 어차피 인생의 가장 큰 목표는 즐거움 아니겠는가? 혹자는 우리 문화의 본질을 흥의 문화, 신바람의 문화라고 하는데 아주 일리가 있다고 생각한다.

사람에게 가장 큰 즐거움은 무엇일까? 이것이 인생의 큰 숙제라고 생각한다. 물론 개인차가 있고, 인생의 목표가 여러 가지일 수는 있겠지만 보편적으로 인간은 가족을 통해 평온을 얻고 즐거움을 찾게 된다. 그래서 우리에게 설계를 맡기러 찾아오는 사람들의 목표는 "가족과 함께 즐겁게 살고 싶어 집을 짓겠다"는 경우가 대부분이다.

어느 높지 않은 산이 자락을 넓게 펼친 곳, 마을 초입에는 오래된 정자가 연꽃이 가득 들어찬 연못을 앞에 두고 서 있다. 전남 광주의 이 동네에 느지막이 들어와 살고자 하는 사람이 찾아왔다. 오래된 집 사이로 새로 지어진 집들도 드문드문 끼어 오래된 풀들 사이로 새롭게 피어오른 밝고 화사한 화초처럼 색을 뽐내고 있었다.

깊이 들어가면 길은 좁아지고 그 사이로 좁은 골목이 나타나는데, 안쪽 너른 터가 집을 지을 곳이었다. 산과 맞닿은 땅은 경사가 완만하고, 북쪽 소나무숲이 아랫목에 면한 바람벽처럼 땅을 포근하게 감싸주고 있었다. 땅은 겹겹이 쌓여 있는 집들과 마을의 길과 나무들을 벗어나 넓고 시원하면서도 동네에서는 가장 높은 곳이었다. 사방이 잘 보이고 혹은 사방에서 잘 보이기도 하는 곳이었다. 말하자면 약점과 강점을 함께 가지고 있는 땅이었다.

건축주 부부는 장성한 자녀들과 함께 머물 집이므로, 아주 안전하고 포근한 느낌이면 좋겠다고 했다. 남편은 매우 섬세하고 꼼꼼한 성격으로, 집을 짓기 위해 많은 준비를 했다고 한다. 일단 땅을 고르는 일부터 시작해 새로운 집에서 펼쳐질 자신의 삶을 계획했다. 지난 삶과는 다른, 평소 추구

+
'장락재'는 집 가운데
동그란 마당을 중심으로
집이 방사형으로 감고 올라가는
형상으로 지어졌다.

했던 하나의 세계관을 그 안에 넣고 싶어했다. 침실, 주방, 거실 등 각각의 공간에 대한 생각도 정리해야 하지만, 그것보다 중요한 것은 앞으로 그 가족의 삶을 어떤 형식으로 만들 것인가 하는 것이다.

외부의 시선을, 바람을, 햇빛을 막기도 하고 들이기도 하는 감싸 안아주는 집을 그렸다. 우선 집 가운데 동그란 마당을 들였다. 중정中庭을 중심으로 집이 방사형으로 감고 올라가는 형상으로 시작했다. 북쪽에 있는 부부의 침실에서 시작해 차례차례 자녀의 방들을 놓고 그 방사형의 선을 따라 서재, 거실, 식당, 부엌을 두었다. 그리고 시작점인 침실과 끝점인 부엌은 외부 회랑을 통해 연결된다.

땅의 모양은 높은 곳에서 본다면 바람을 가득 담은 자루 같았다. 그 안으로는 넓고 시원하지만 들어가는 입구는 좁고 속도가 빠른 곳이었다. 그리고 들어오는 방향은 약간 틀어져 집이 바로 보이지 않는다.

오랜 시간에 걸쳐 만들어진 동네, 사람들이 정착하며 만든 길, 바람이 지나며 만들어놓은 숲……. 그 안에서 조화를 이루도록 애써야 했다. 삐죽 높이 솟아 동네에 웃자란 잡초처

ⓒ 홍석규

럼 생경해 보이지 않아야 하고, 원래의 땅을 덜 건드리며 편안하게 앉히고, 동네에 흐르는 능선의 흐름을 집에 담아야 했다.

오랜 시간 설계를 하며 중정의 모양, 지붕의 높이와 각도 등을 여러 차례 바꿔가며 차근차근 다듬어나갔다. 안으로 생활을 집어넣고 포근하게 자식을 안고 있는 어미처럼 몸을 둥글게 말아넣은, 말하자면 등이 동네를 향하고 배가 중정을 향하는 형상으로 천천히 집이 완성되었다. 그리고 집의 이름은 '즐거움을 끝없이 펼치는 집'이라는 의미를 담아 '장락재'라고 지었다.

제2부

집은
생각을 담는다

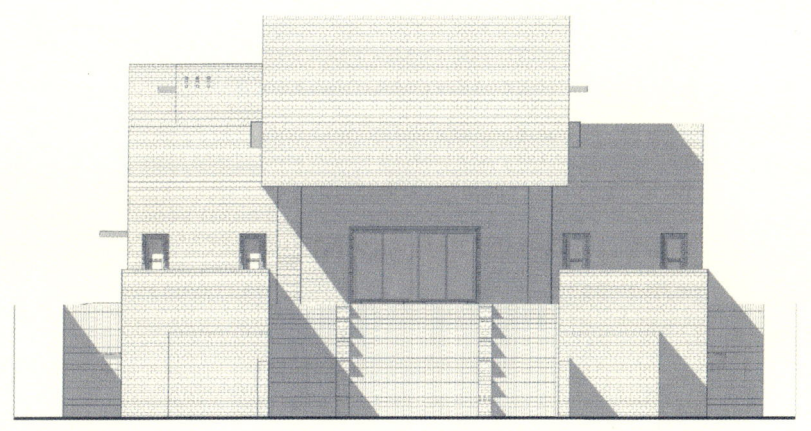

즐거운 놀이터가 되는 집

상안주택

△
─────────────

 집을 짓는다는 것은 꿈이 현실로 만들어지는 것이고, 새로운 가족을 만드는 것이다. 그 가족은 나와 평생을 함께하며 비를 막아주고 바람을 막아주는 아주 친절하고 듬직한 동행이다. 결국 집이란 거기 사는 사람과 비슷한 개성을 가지며 함께 나이를 먹고 자라는 것이다.
 그래서 집을 지을 때는 어떤 개념을 가지고 지을 것인지가 중요하다. 개념을 정한다는 것은 당호堂號를 정하는 것이나 아이를 낳고 이름을 짓는 것과 비슷하다. 사실 개념이라는 말은 좀 추상적인데, 내가 생각하기에 개념이란 집을 짓기 위한 여러 가지 단편적인 사실과 요소를 아우르는 큰 덮개 같은 것이 아닌가 싶다. 땅이 주는 여러 가지 정보와 우리가 원하는 조각조각 흩어진 희망들, 그런 것을 모으고 종합해서 하나의 개념을 성립시키는 것이다.

그 개념이란 거창한 것이 아니다. 가령 한가한 일요일 오후 무심히 틀었던 텔레비전의 오락 프로그램이 우리를 웃게 하고, 어린아이나 강아지의 재롱이 우리를 웃게 하고, 가족의 사소한 실수나 농담이 우리를 웃게 한다. 그렇듯 피로를 잊게 하고, 생에 대한 강한 긍정을 불러일으키는, 크고 작은 웃음소리가 끊임없이 흘러나오는 유쾌한 집이야말로 가장 인간적이고 행복한 집이라고 생각한다.

강원도 횡성에 지은 '상안주택'은 그런 유쾌함과 즐거움을 개념으로 설계했다. 어느 날 눈가와 입 끝에 살짝 웃음기를 머금은 유쾌한 인상의 젊은 부부가 찾아와서, 우리가 일반적으로 짓는 집과는 약간 다른 집을 짓고 싶다고 했다. 자전거 하이킹과 캠핑을 좋아하는 그들은 휴일에 캠핑을 가듯 휴식과 놀이를 즐길 수 있는 집을 원했다.

맛있는 음식을 만들어 먹고, 재미있는 영화를 함께 보고, 나무 그늘에 해먹을 달아 그 안에서 낮잠을 자며 쉬는 집. 일단 부엌에서는 혼자 요리를 하는 것이 아니라 부부가 마주 보며 함께 음식을 준비하겠다고 했다. 그리고 반려견 세 마리가 편안하게 지낼 수 있도록 고려해달라고 했다. 마지막으로 영화 〈건축학개론〉에 나오는 옥상처럼, 방에서 바로 나가서 일광욕을 할 수 있는 옥상정원을 만들고 싶다고 덧붙였다. 그리고 규모는 클 필요가 없다고 했다.

작은 집과 놀이터 같은 즐거운 공간과 함께 일을 할 수 있는 부엌······. 요즘 건축주들은 많이 젊어졌고, 원하는 바가 구체적이고 정확하다. 돌이켜보면 옛 살림집들도 비슷하다. 대부분 일반해—般解가 존재하지 않고 특수해特殊解로 지어진 곳이 많다. 특수해란 아파트처럼 보편적인 형태로 지어놓고 사람이 들어가 생활을 구겨 넣어야 하는 공간이 아니라, 자신의 생활에 가장 최적화된 공간을 만드는 것이다.

도시를 벗어나는 여행을 좋아하는 주인이 고른 땅답게, 집 지을 터는 내비게이션도 스마트폰도 잠깐 길을 잃을 정도

ⓒ 진효숙

로 한적한 곳에 있었다. 국도를 달리다가 점점 좁아지는 길을 꺾어 들어가 다리를 건너고 언덕을 오르면 갑자기 물을 가두어놓은 큰 저수지가 나온다. 해발로는 600미터나 된다고 하는데 그런 고도가 별로 느껴지지 않는 곳이었고, 다만 무척 깊이 들어왔구나 하는 생각이 들었다.

설계를 할 때 보통은 방을 넣고 거실을 넣고 하다가 부엌을 적당한 위치에 넣는 것이 일반적인 과정인데, 이 집은 우선 부엌부터 자리를 잡으며 시작했다. T자형 평면의 날개 부분에 현관을 두고, 집의 전면이 되는 튀어나온 부분에 부엌을 두었다. 그 한가운데에 싱크대와 식탁을 합친 커다란 테이블을 두자, 요리를 준비하고 먹고 쉬는 모든 일련의 과정이 담기게 되었다. 아일랜드 테이블 양쪽에서 서로 마주 보면서 채소를 씻거나 설거지를 할 수 있도록 싱크볼을 두 개 나란히 놓았다. 그리고 그 끝에 좌식과 입식을 겸할 수 있는 식탁 놓을 공간을 구성했다.

벽에는 세 방향으로 창문을 냈다. 가로로 긴 동쪽 창에는 화분이나 간단한 소품을 놓을 수 있고, 남쪽 창은 평상을 연결하고 아랫집과 서로 교류하는 통로가 된다. 가장 탁 트

+
'상안주택'은
작지만 평범하지 않은,
여행의 일부처럼 하루를 즐길 수 있는
즐거운 놀이터가 되었다.

인 전망을 향한 서쪽 창은 마당으로 나가 외부 공간으로 나갈 수 있는 창이다. 한편으로는 가까운 이웃이 보이고, 한편으로는 먼 자연이 보이는 다양한 풍경이 담긴 창들이다.

그 뒤로 화장실과 창고와 보일러실을 슬그머니 숨겨놓았다. 집에 들어와 움직이는 동선을 충분히 고려해서, 세탁실과 욕실의 전실, 욕조 등의 배치가 이어지도록 했다. 욕실에는 큰 창을 두어 집 뒤편의 푸른 숲을 담을 수 있도록 했다.

내부는 결국 문이 없는 하나의 공간이 되었다. 계단을 반 층씩 올라가면 거실이 나오고, 그다음 침실이 나온다. 두 공간을 연결하는 계단 옆으로 앉을 수 있는 단차段差는 거실 벽을 향해 영상을 투사하면 극장 같은 공간이 된다. 각 공간은 높이가 다른 층으로 구분되고, 높이가 달라질 때마다 공간에서 경험하는 것도 달라진다. 거실의 아랫부분인 필로티는 그늘이 되고, 해먹도 걸 수 있는 야외 휴식 공간으로 만들었다.

그리고 부엌 윗부분과 거실 윗부분에 자연스럽게 두 개의 옥상이 생겼다. 하나는 아내가 원했던 옥상정원이고, 하나는 아래 저수지 쪽을 조망하며 해 지는 모습을 바라볼 수 있는 사색의 공간이다. 그렇게 해서 작지만 평범하지 않은, 여행의 일부처럼 하루를 즐길 수 있는 즐거움의 집이 완성되었다. 집은 사는 사람을 닮는다. 그 사람이 살아온 인생과 생각이 집에 그대로 드러나기 때문이다.

두 개의 태양을 품은 집

존경과 행복의 집

⌂
───────────────────

건축주에게서 직접 '존경과 행복의 집'으로 이름을 지어달라는 부탁을 받은 집이 있다. 젊은 부부, 결혼한 지 1년 남짓한 이를테면 신혼부부가 건축주다. 20대는 아니지만 아주 풋풋한, 조금 차가운 봄바람에 흔들리며 피어오르는 산수유처럼 꼿꼿하고 싱그러운 젊은 부부였다. 그들은 어떤 세미나에서 만났고 그 인연으로 결혼을 하게 되었다. 남편은 인생의 주제를 '존경'으로 정했고, 아내는 인생의 주제를 '행복'으로 정했다고 한다. 그리고 그들은 집에서 사람들과 교류하고 교육하는 공간을 함께 만들겠다고 했다.

건축에서 개념이라는 것은 모든 내용과 프로그램을 아우르는 하나의 커다란 그릇과도 같아서, 굉장히 깊이 생각하고 아주 신중하게 단어를 고른다. 그런데 이 집은 건축주가 직접 그 개념을 들고 와서 풀어달라는 것이었다. 존경은 무엇이고 행복은 무엇인가? 우리가 짓는 집들이 한 곳도 똑같은 곳은 없고 모두 다른 프로그램과 상황 속에서 지어지지만, 이 집 역시 상당히 다른 접근이 필요하겠구나 하는 생각이 들었다.

땅은 경기도 가평에 있는 행현리라는 곳에 있었다. 가평은 과거에 사람들이 엠티나 야유회로 자주 가던 대성리나 강촌으로 가는 길목이다. 그간 열심히 도로를 닦아서 예전보다 훨씬 가까워진 곳이다. 외곽의 도로를 험악하게 달리는 차들과 섞여서 질주하다가 문득 멈춰 서서 좌회전을 기다리고 있자니, 왼쪽으로 현리 계곡으로 들어가는 길이 모락모락 피어오르고 있었다.

현리를 한참 헤집고 들어가다가 몇 번을 꺾어지면서 나

오는 곳, 우묵한 자루에 담긴 것 같은 땅이 있었다. 집 지을 터는 산을 정리하고 개발한 택지의 제일 꼭대기에 있는 땅이었다. 무척 더웠고 비도 많이 왔던 여름의 한가운데에서 찾아간 땅은 밤새 내린 비로 습기가 충만했고, 멀리 남쪽으로 보이는 산에서도 습기가 연기처럼 모락거리고 있었다. 높기도 했고 길의 끝이기도 해서 아주 한적하고 평화로웠다. 그리고 무척 화려한 얼굴을 가지고 있는 땅이기도 했다.

　이 집은 두 개의 프로그램을 가지고 있었다. 한 집에 주거와 교육, 사적인 영역과 공적인 영역이 공존한다. 그래서 애초부터 두 개의 건물로 갈라서 설계를 시작했다. 부부는 집은 작고 아늑한 공간으로 만들기를 원했다. 그 대신 사무실 겸 사람들이 많이 머물게 되고 교육과 토론을 할 도서관은 넓고 높게, 그런 상반된 공간으로 만들었으면 좋겠다고 했다. 해와 달, 음과 양, 부드러움과 딱딱함, 차가움과 따뜻함, 그런 것처럼 상반되어 있지만 서로 보충해주고 의지해주는 두 개의 태양과 같은 기능의 분리를 생각했다.

　존경과 행복. 우리는 그런 추상적인 단어에 아주 약하다. 사실 지내보니 우리시대에 가장 필요한 것은 존경이 아닐까 그런 생각이 들었다. 우리는 모두 개체화되고 파편화된 개인으로 존재한다. 예전의 사회적인 테두리가 무너지고 도덕률이 새로운 버전으로 업그레이드되면서 우리가 잃은 것은 어른이고 존경이다. 그리고 그에 따른 사회의 갈등 해소의 장치들도 함께 상실한 것이다. 존경이란 강요로 생기는 것이 아니고 나이로 생기는 것이 아니다. 높임말을 붙이고 머리를 숙이는 것이 존경이 아니다. 존경은 존재에 대한 시선이고 존재에 대한 인정이다.

우리는 존경의 건축을 몇 채 본 적이 있다. 퇴계 이황이 지어놓은 건물들, 퇴계가 만년에 돈이 없어서 3년 동안 전전긍긍하며 지어놓고 머물렀던 도산서당과 제자들이 머물던 농운정사 등이 그것이다. 그 건물들의 관계를 보면, 높이 차이로 위계를 만들지 않고 같은 높이의 땅에 집을 올려놓고 위치와 시선의 변화로 서로를 의식하고 삼가게 하는 그런 건축적인 장치와 입지의 배려가 보인다. 그것을 통해 퇴계가 평생 가지고 다녔다는 '경'이란 단어가 과연 어떤 의미인지 알게 되었고, 추상적인 단어가 하나의 물질적인 공간으로 표현되었음을 본 적이 있다.

+
'존경과 행복의 집'은
적당한 거리가 있는 건물 두 개가
살짝 다른 방향으로 바라보도록 틈을 벌리고
그 사이로 생긴 마당으로 각각의 입구를 두었다.

건축적으로 개체에 대한 인정은 각자의 시선과 공간을 인정하는 데에서 시작한다. 집안의 구성원들이 모여서 살되 간섭이 최소화되고 각자의 영역에서 각자의 생각과 시선으로 자신의 생활을 영위하게 만든다고 하면, 무척 넓은 공간이나 큰 집을 생각하게 된다. 그러나 사실 그것은 반드시 물리적 공간의 확장으로만 되는 문제는 아니다. 공간의 다양한 높이와 공간의 다양한 질의 확보가 관건이다.

아무리 넓은 집이라도 평평하게 디자인된 아파트에서는 그 공간들이 모두 모이고, 모두 서로를 감시하게 된다. 그런 공간에서 인간은 자신을 지키기 위해 폐쇄적이 되고 방어적이 된다. 그리고 그런 공간에서 존경이나 신뢰는 생겨나지 않는다. 현대의 주거시설이 그렇고 현대의 교육시설이 그렇다. 아니 모든 현대의 공간이 효율성과 근대성, 나아가서 현대성을 빌미로 인간을 감시하고, 인간의 근본적인 공간에 대한 욕구를 말살하는 방향으로 향해 있다. 결국 존경이라는 것은 둘 이상의 존재들 간의 경계이고 시선이며 그에 따른 자세다.

우리는 대부분 가족의 집을 설계한다. 그리고 그런 가족

ⓒ 김용관

구성원과 그 구성원을 둘러싼 여러 가지 물리적인 요소, 즉 동네, 산과 강, 나무 등 보이는 존재들과 그 외에도 수없이 많은 보이지 않는 존재에 대한 인식과 그에 대한 하나하나의 배려를 고민한다.

위계는 없지만 적당한 거리가 있는 건물 두 개가 살짝 다른 방향으로 바라보도록 틈을 벌리고 그 사이로 생긴 마당으로 각각의 입구를 두었다. 도서관 건물은 층고層高를 높여 중층中層을 이용할 수 있도록 했기 때문에 집보다 높아졌다. 도서관에서 외부 계단을 걸어 올라가면 손님방이 하나 있고, 야외에서 영화를 본다든가 모임을 열 수 있는 옥상이 있다. 그리고 계단식으로 된 다리로 집의 옥상으로 건너가면서 남쪽으로 펼쳐진 마을을 바라볼 수 있다. 이것이 수평적이면서 서로의 시선을 존중하는 '경의 건축'에 대한 우리의 해석이다.

움직임이 가득한 집

라비린토스

20세기는 인간이 그동안 믿어왔던 상식을 뒤집는 과학 이론이 나오며 시작되었다. "신은 죽었다"는 과격한 레토릭이 나오고, 발전된 기계와 과학으로 이전에는 감히 생각도 못하던 많은 것을 이루면서 인간은 진실로 신의 영역까지도 들어갈 것 같은 기세였다. 알베르트 아인슈타인Albert Einstein, 1879~1955의 상대성 이론은 시간과 공간, 우주에 대한 비밀의 문까지 열었다. 비슷한 시기 양자역학이라는 새로운 이론이 세상에 나왔다. "전자는 파동이며 입자다. 우리는 그 존재에 대해 단언할 수 없고 그것은 오로지 확률로 존재한다."

두 개의 가느다랗고 세로로 뚫린 이중슬릿二重slit으로 전자를 쏜다. 당연히 전자는 입자라고 예상했는데 반대편 벽에 맺힌 전자의 자국은 파동의 형태로 나온다. 전자는 파동이면서 입자이고 관측자의 개입은 양자의 속성을 변화시킨다는 결론에 다다른다. 당연히 황당하고 과학적 엄밀성의 측면에서 이해하거나 동의하기 어렵다(100년이 지난 지금도 그렇다). 만물은 정의할 수 없고 확정적이지 않다는 생각에 대해 고전물리학 진영에서는 말도 안 되는 이론이라며 반박했고, 20세기 초에 논쟁이 벌어졌다.

그러나 시간이 지나며 양자역학의 이론은 과학적으로 증명되기 시작했고, 심지어 요즘은 양자컴퓨터 등에서도 이용되며 발전한다. 놀라운 발견을 두고 갈등과 통합을 거쳐 새로운 패러다임을 만들며 문명이 진일보한다는 것을 재확인하게 된다.

가만히 듣고 생각해보면 어딘가 익숙하다. 동양의 '음과 양', '정중동靜中動' 등 자주 듣던 이야기 아닌가? 어둠 속에

밝음이 있고 멈춤 속에 움직임이 있다는 생각이 어쩌면 맞는 이야기고, 진리를 꿰뚫는 소리일지도 모른다.

한국 건축은 움직인다. 공간이란 고정되어 있고 빛이란 요소에 의해 변화한다는 생각을 가진 서양 건축과는 대조적이다. 한국의 전통 건축에서는 공간 자체가 움직인다. 아니 움직임을 주도한다. 그건 키네틱 아트kinetic art처럼 기계적인 장치로 공간의 움직임을 시도한다는 의미가 아니다. 공간이 끊어지지 않고 안과 밖, 높이의 차이를 굼실거리며 이어진다. 전통 건축에서는 공간의 속성, 아니 세상을 구성하는 만물의 속성 자체를 멈춤이며 동시에 움직임으로 보았다.

공간에 들어가는 관측자 혹은 사용자에 의해 공간은 가동된다. 멈춰 있던 어떤 장치에 스위치를 올리면 돌아가는 것처럼, 공간과 시간과 사람이 상호 작용하는 독특한 시공간이 창조된다. 영화에서 장면이 자연스럽게 넘어가는 디졸브dissolve 효과처럼 공간끼리 맞물리고 용해되며 슬그머니 녹아든다.

영산암은 경북 안동 봉정사의 부속 암자다. 작은 집들이 마당을 사이에 두고 옹기종기 모여 앉아 있는데, 규모는 살림집처럼 아담하다. 우화루라는 누각을 얹고 있는 대문채 아래를 지나면 가로로 긴 공간이 나오고 자연스럽게 돌계단을 통해 윗단으로 흐르게 된다. 계단을 오르면 이윽고 평탄한 마당이 나온다. 마당은 사실 넓은 공간이 아닌데 지나온 공간이 좁고 어두워 상대적으로 밝고 편안한 느낌을 준다.

마당 양쪽으로 마주 보는 건물인 송암당과 관심당이 마당을 에워싸고 그 모서리들은 여기저기 바람구멍처럼 열려 있다. 그 틈들은 또다시 자연스러운 움직임을 이끈다. 정면에는 들어오는 방향대로 응진전 쪽을 향하게 되는 계단과 그 옆 삼성각으로 오르는 계단, 주지 스님의 거처였던 염화실로 오르는 계단이 있다.

세 개의 계단은 바위와 와송과 배롱나무로 구성된 커다란 덩어리와 함께 놓여 있다. 산이 흘러내리는 땅에 집을 지으며 그 경사를 건축에 그대로 녹여낸 결과다. 부처와 산신과 인간을 같은 단 위에 놓으며 크기와 앉음새로 차등을 주면서도 어울리게 만든 솜씨가 놀랍다.

영산암의 공간은 서로 맞물리며 겹쳐진다. 그리고 자연스럽게 녹아들며 섞인다. 파동이 일며 두 개의 다른 물질이

+
'라비린토스'는
밖에서는 단순하게 보이지만,
내부로 들어서는 순간
복잡한 파동이 생기는
움직임이 가득한 집이다.

섞이듯 공간이 움직인다. 사람은 그 안에서 같이 흐른다. 정면으로 보이는 응진전이 중심 건물임에도 중심축에서 살짝 오른쪽으로 치우쳐 일부분이 가려지게 배치한 것도 그런 의도의 공간 장치다. 영상이 디졸브되며 장면이 이어지듯 공간들이 그렇게 맞물려 있으며, 그곳에 들어서는 순간부터 공간의 크기와 높낮이의 변화는 풀무질하듯 흐름을 만들어낸다.

우리가 설계한 경기도 파주의 '라비린토스'는 택지개발로 나뉜 대지에 살게 된 삼대의 가족이 서로 갈등 없이 지속적으로 사는 방법을 찾은 집이다(라비린토스Labyrinthos는 미궁을 뜻하는 '라비린스Labyrinth'가 어원인데, 다이달로스Daedalos가 크레타의 왕 미노스Minos를 위해 만들었다는 미궁이다). 일반적인 도시 주택에서 벽을 치고 문을 달아내며 공간을 분할하는 평면적인 구성은 필수적으로 그 안에 사는 사람들끼리의 충돌을 유발한다. 이 집에서는 대지 여건상 여유로운 공간 분할이 쉽지 않아 공간을 포갤 수밖에 없었다. 그러자 공간들끼리 고이지 않고 흐르게 되었다.

전통 건축에서는 마당과 마루라는 내부와 외부의 중간적인 영역을 통해 서로 부드럽게 이어지게 만들어 해결했다.

ⓒ 박영채

현대건축에서는 그런 여유가 없어 가운데 작은 마당을 끼워 놓고 다양한 접근로와 흐르는 수직 동선을 분산해 배치했다. 그러자 밖에서는 단순하지만 내부로 들어서는 순간 복잡한 파동이 생기는 움직임이 가득한 집이 되었다.

반려동물의 눈높이에 맞춘 집

숨숨하우스

△
―――――――――――――

스마트폰을 열고 아무 생각 없이 유튜브에 접속해 볼 때가 많다. 재미있는 것은 다른 포털사이트들과 달리 유튜브는 처음 접속하는 주소가 같아도 펼쳐지는 세상은 개개인마다 다르다는 점이다. 개인의 기호를 파악하고 그에 맞는 동영상을 추천해준다. 목적이 있어서 들어가는 경우에는 내가 원하는 곳으로 갈 수 있지만, 무심결에 들어가면 유사한 동영상을 계속 보게 된다. 그 안에서 나는 게으르고 수동적인 사용자가 된다.

요즘 내가 가장 많이 추천받는 영상이 고양이 키우는 사람 이야기들이다. 영상을 보다 보면 사람과 고양이가 어떻게 만나고 어떤 방식으로 살고 있는지 알게 된다. 조회수가 몇 백만이 되는 영상이 꽤 많다. 한참 보고 있으면 신기하기도 하지만 마음이 따뜻해진다.

인간은 아주 오랜 시간 동물과 더불어 살아왔다. 사실 인간이 동물을 기를 때는, 개는 집을 지키고 고양이는 쥐를 잡고 소는 일손을 거드는 등 분명한 목적이 있었다. 그런데 요즘 의미가 많이 달라졌다. 가축이 아니라 반려동물이라고 부르는 가족이 되었다. 생활을 보조하기 위해 존재하는 것이 아니라 마음에 온기를 주거나 정서적 안정을 위해 필요한 존재로 바뀐 것이다. 그건 아마도 현대로 접어들며 인간의 환경이 많이 바뀐 것과 도시화에 따른 여러 부작용에 대한 대응에서 비롯된 것이라고 생각한다.

우리나라의 저출산과 고령화가 무척 심각한 수준이라며, 가끔 언론에 기획기사로 보도된다. 가까운 일본의 예를 들면서 사회가 탄력을 잃게 되고 고독사도 늘어난다는 것이다. 인구의 감소는 보통 문명의 말기에 일어나는 현상이고, 오래전 그리스나 로마도 그랬다고 한다. 그런데 중요한 것은 생각 이상으로 훨씬 더 혁신과 변혁이 필요한 시대에 우리가 살고 있다는 것이다. 그중에서도 가족의 개념이 가장 많이 바뀌었다. 친척까지 아우르는 가족의 범위에서 지금은 개인이 전부인 '1인 가구'가 많아져서 통계청에 따르면 2024년 기준으로 1인 가구 비율이 36.1퍼센트(약 804만 5,000가구)라고 한다.

사실 인간은 외딴섬처럼 혼자 살 수 없는 존재다. 생활의 불편함이나 위험도 존재하지만 무엇보다 누군가와 정서적 교류가 없이 사는 고독에 대한 문제가 가장 심각하고 시급하다. 그래서인지 요즘 반려동물을 가족으로 여기며 사는 집이 늘고 있다. 2024년 말 기준으로 전체 가구의 약 26.7퍼센트(591만 가구)가 반려동물을 키우고 있으며, 반려인은 약 1,546만 명으로 전체 인구의 30퍼센트에 육박한다고 한다.

몇 년 전, 비유에스BUS라는 젊은 건축가 그룹이 낸 『가가묘묘』라는 책이 있는데 고양이와 사는 많은 가족의 집이 등장한다. 고양이를 기르기 위해 설계 초기 단계부터 고려한 경우도 있지만, 계획에도 없이 어느 날 집으로 길고양이가 들어오며 생활이 바뀌고 설계가 바뀐 경우도 있다. 심지어 건축가 자신들도 사무실로 밥을 얻어먹으러 오는 길고양이 두 마리를 거두고 있다. 고양이를 이해하기도 하고, 또는 고양이를 당최 이해하지 못하면서도 서로의 존재를 인정하는 사이가 되어버린 이야기가 가득하다.

건축가는 고양이와 함께 살면서 달라진 생활방식이나 가치관 같은 게 있냐고 물어본다. 건축주는 "저는 쉬는 걸 잘 못하는 성격인데, 고양이들을 보면 '아, 저 친구들은 정말 잘 쉬고 있구나'라는 생각을 하게 돼요. 쉬는 방법을 배운다고 할까요?"라고 대답하고, 그런 방식을 공간의 구성에 반영한다. 이제까지 우리가 경험했던 것과는 다른 집들이 생겨나고 있는 것이다.

우리도 그런 집을 한 채 설계했다. 몇 년 전 서울 신림동 어느 경사진 동네의 맨 끝, 산과의 경계 지점에 땅을 구입한 분이 찾아와 아주 특이한 주문을 했다. 고양이를 키우는 사람들, 흔히 요즘 '캣맘'이라고 부르는 사람들이 모여 사는 집을 짓고 싶다는 것이다. 캣맘들은 인터넷 모임을 만들어 서

+
'숨숨하우스'는
주변 이웃과 불화를 피하고
좀더 편안하게 고양이를 돌볼 수 있도록
자연이 가깝고 주변의 시선에서
독립된 곳에 지어졌다.

로 정보를 교류하기도 하고 같이 구호 활동을 하기도 하는데, 함께 모여서 살면 어떨까 싶어 집짓기를 계획하고 실행에 옮기게 되었다고 한다. 반려동물을 키우는 집은 예전에도 설계해본 적이 있었지만, 뭔가 좀더 세심한 설계가 필요할 것 같았다.

가족이 된 고양이의 눈높이와 습성을 고려해 밖을 바라볼 수 있는 창턱을 계획하고 화장실이나 베란다 등 서로 독립적이고 개별적인 공간에 대한 고려도 있어야 했다. 일반 마루나 매끄러운 바닥재는 고양이들의 관절에 좋지 않아 두께가 두껍고 미끄럼 방지가 되는 장판을 사용했다. 벽의 재료도 긁힐 때의 손상을 줄일 수 있는 내구성이 강한 재료로 골랐다. 좁은 곳도 올라타고 잘 넘어 다니는 고양이의 습성에 맞는 선반 등을 달아 캣타워 역할을 하도록 했다. 현관을 열었을 때 바로 나가지 못하도록 막아주는 방묘문의 필요성도 알게 되었다. 방문에도 구석에 고양이들이 들락거릴 작은 전용문을 두고 외부 베란다에도 방묘창을 달았다.

반려동물과의 삶을 위한 집이 등장하듯 앞으로도 가족이 변하고 개인이 변하는 시대의 흐름에 맞는 주거 환경에

ⓒ 박영채

대한 고민은 계속해야 할 것이다. 고양이와 함께 사는 '숨숨하우스'는 주변 이웃들의 눈치를 보거나 불화를 피하고 좀더 편안하게 고양이를 돌볼 수 있도록 자연이 가깝고 주변의 시선에서 독립된 곳에 지어졌다. 급변하는 환경에 적합한 공간을 만드는 데 앞서 가족의 범위와 이웃의 범위가 확장되듯 사람들의 생각 또한 편견이나 선입견을 벗어나 더욱 넓어지고 유연해질 필요가 있을 것이다.

아이들과 함께 자라는 집

적당과 작당의 집

△
―――――――――――――――

아파트를 벗어나 자신만의 집을 짓는 사람들은 각자 이루고 픈 강렬한 꿈을 갖고 있다. 목공 작업을 할 수 있는 목공실은 소음이 크고 먼지가 많이 나고 큰 목재들을 보관해야 하니 독립적인 공간이 필요하다. 음악감상을 할 수 있는 음악실도 볼륨을 높이거나 여러 대의 스피커를 두어 시원하게 음악을 듣기 위해 크고 높은 천장을 가진 공간이 필요하다. 책이 많은 서재나 화실 등도 비슷비슷한 구조와 평면으로 이루어진 공동주택에서는 만들기 힘든 공간이다. 그러다 보니 다들 단독주택에 대한 로망을 갖게 되는 것이다.

그런 단독 공간뿐만 아니라 아이들이 마음대로 뛰어놀 수 있는 집을 마련하고 싶다는 게 많은 부모의 소망이다. 아이들이 채 말을 알아듣기 전부터 뛰지 마라, 조심스럽게 걸어라 등 주의를 주어야만 하는 것이 층간소음 문제에 민감한 아파트 거주민들의 고충이다. 교육이나 편리한 교통, 직장 출퇴근 등의 문제로 대부분 아파트에 살면서 놀이공간을 일부러 찾아가지만 아이들의 놀이에 대한 욕구를 충족시키기도 어렵고 매번 힘들게 찾아다니는 것도 고된 일이다.

전남 나주 혁신도시는 공기업의 지방 이전 정책에 따라 많은 기관이 새 사옥을 짓고 그에 따른 주거시설과 상업시설들이 들어서며 새로 만들어진 도시다. 원래 '나주'는 '전주'와 더불어 '전라도'라는 지명을 구성하던 유서 깊은 지역이었으나, 어느새 도시라기보다는 농업이 주된 산업인 지역이 되었다. 그곳이 10여 년 사이에 인천 송도나 행정수도인 세종시 못지않은 큰 규모의 도시로 거듭났다.

그곳에 서울에서 살다가 가장의 회사가 이전됨에 따라

ⓒ 박영채

이사 온 가족의 집을 설계하게 되었다. 보통 아이들의 교육을 위해 가장만 근무지로 이사 오는 경우도 많은데, 그들은 가족이 모두 따라와 새집을 마련하게 된 것이다. 그들은 여러 군데 새로 지어진 아파트 대신, 이왕이면 마당이 있는 집에서 활발한 아이들이 마음껏 뛰어놀게 하고 싶었고, 나무도 심고 정원도 가꾸고 싶었다고 한다.

집 지을 터는 계획도시 한복판에 조성된 택지의 일부인데, 역사나 전통과는 거리가 먼, 논과 밭을 갈아엎어 만든 곳이었다. 멀리 보이는 언덕에 과장된 형태의 전망대가 하나 있고, 주변에 보이는 풍경은 주로 아파트 단지들이다. 이웃에는 잘 드는 칼로 잘라놓은 두부같이 나뉜 똑같은 모양의 대지들이 매끈한 도로를 끼고 이어졌다. 다만 가까이 놀이터가 있어 숨통이 트이고 아이들이 놀러가기에 좋다는 장점이 있었다.

이런 식으로 땅의 본래 성격을 지우고 조성된 택지 앞에 서는 항상 좌절을 느낀다. 땅이 가진 리듬에 맞춰 스텝을 밟아야 하는데 흘러나오는 박자가 없는 것이다. 그런 곳에서 건축을 하는 것은 무반주로 노래를 부르는 것과 같고 귀를

막고 춤을 추는 것과 같다. 난처하지만 우리는 집을 지어야 하고 그러기 위해서는 상상력이라는 것을 꺼내는 수밖에 없다. 인간에게 상상력이 얼마나 유용한 것인가?

이 집에는 조용하지만 무척 결단력이 있고 카리스마가 넘치는 아빠와 명랑한 성격의 착한 엄마와 쉴 새 없이 움직이는 에너지가 넘치는 두 아이가 살고 있다. 처음 만났을 때 그들은 집의 이름을 '적당과 작당의 집'이라고 지었다고 했다. '적당適當'하다는 것은 넘치지 않도록 중용을 지킨다는 의미일 것이고, '작당作黨'하다는 것은 가족끼리 화목하게 즐거운 모의를 하겠노라는 선언이라고 생각된다.

운율도 있고 의미도 깊은 두 개의 단어를 가지고 그림을 그리기 시작했다. 어린 두 아이가 편안하게 뛰어놀고 즐겁게 지내기 위한 공간을 다양하게 만드는 것이 첫 번째 목표였다. 먼저 거실과 서재를 합해 하나의 큰 공간을 만들었다. 1층 거실의 바닥을 바깥의 지면보다 조금 낮춰 좌식으로 사용하면서 입체적인 공간감을 확장시켰다. 또 2층으로 올라가는 계단참 중간에서 연결되어 책장을 이용할 수 있도록 한쪽의 벽은 서가가 되도록 했다.

+
아이들을 위한 놀이공간이
참호처럼 구석구석 자리한
'적당과 작당의 집'은
언제나 명랑한 기운이 생동한다.

계단참 아래에는 혼자 들어가 공부할 수 있는 작은 책상을 넣어두었더니 누나가 유치원에 갈 때는 자기를 대신할 인형을 앉혀둘 정도로 아낀다고 한다. 아이들은 여기저기 숨기도 하고 누워서 구르기도 하고 발을 까닥거리며 책을 읽으며 논다.

1층의 나머지 부분은 집의 중심이 되는 주방과 식당, 안방과 화분을 키우는 온실로 구성했다. 모두 남향이라 햇빛이 잘 든다. 두 아이를 돌보면서 살림을 하는 엄마의 동선이 최대한 짧아지도록 욕실과 세탁실과 다용도실을 현관 근처에 두어 아이들이 밖에서 놀다 오면 바로 씻고 빨랫감도 그 자리에서 모을 수 있도록 했다.

2층은 아이들이 크면 나누어 쓸 수 있는 커다란 침실을 두고, 지붕의 단면을 이용해서 네모난 공간이 아닌 다양한 삼각형을 뒤집어쓰고 있는 방들을 만들었다. 아직 어린아이들이 쉽게 들어갈 수 있도록 1층 지붕 아래 공간에도 다락방을 넣는 등 구석구석에 참호처럼 놀이공간을 벌여놓았다.

집은 아이들의 놀이터가 되기도 하고 가족이 모여 음악을 듣고 그림을 그리는 쉼터가 되기도 한다. 뒷마당의 문을 열면 바로 동네 놀이터로도 오갈 수 있고, 온실이나 앞마당에는 아이들과 함께 꽃과 나무들이 자라고 있다. 이들과 함께 어른들도 적당히 '작당'을 하며 나날이 함께 자라날 것이다.

마당을 수직으로 쌓아올린 집

장연재

△
_____

한국은 전체 가구수의 반 이상이 아파트에 거주한다고 한다. 다른 나라에도 공동주택에 사는 사람이 많긴 하지만 한국은 그 의존도가 유난히 높다. 아파트는 공간을 표준화하다 보니 그 구성을 결정하는 것은 주로 공급자의 몫이고 결과적으로 사용자는 주어진 공간 안에서 자신의 삶을 맞춰 살아야 한다. 그런데도 현대적·도시적인 삶을 살기 위해서는 꼭 아파트에 거주해야 하며, 주변의 편의를 즐겨야 하고, 사람들은 이를 따라야 하는 것처럼 되었다. 과연 괜찮은 건가?

　아파트는 장점도 많지만 공간이 중앙 집중형이라는 점에서 여러 문제가 있다. 거실과 주방 등 온 가족이 함께 사용하는 공적 공간이 중심에 있고 개인적 공간, 즉 각자의 사적 영역이 주변에 달린 형태이다 보니 동선이 서로 겹치고 간섭된다. 그런 공간에서는 필연적으로 갈등 빈도가 높아질 수밖에 없다. 각자 방에서 나오지 않거나 부딪치기 싫어하게 되고, 비슷한 유형의 가구가 반복적으로 쌓이다 보니 삶의 다양성도 없어진다.

　예전의 방식은 지금과 사뭇 달랐다. 여러 세대가 공존하는 대가족 형태의 삶을 영위하기 위한 공간적 장치가 존재했고, 안채와 사랑채 등 남녀의 공간이 적절하게 나뉘어 있었다. 전북 정읍 '김명관 고택'은 규모가 무척 큰 집이다. 전면에 긴 행랑채가 담처럼 집의 영역을 나눈다. 이 집은 행랑채 중간에 있는 대문을 들어서면 오른편에 사랑채, 왼편에 안채, 뒤편에 사당이 있는 세 영역으로 나눌 수 있다.

　이 집은 일반적인 구성 외에도 좀 다른 점이 있다. 대문채에 들어서서 사랑채로 들어가기 전 왼편에 또 다른 통로가 있는데 이를 통해 사랑채를 거치지 않고도 안채로 들어갈 수 있도록 했다. 그리고 그 길을 따라가면 안채로 들어서기 전에 나타나는 안사랑채가 있다. 안사랑채는 일반적인 고택에서 보기 힘든 공간이다. 그곳은 여성들의 공간이며 출가한 딸의 해산을 위해 쓰이기도 하고 여자 손님들이 와서 머물 수 있는 공간이기도 하다.

보통의 안채는 안방, 대청, 건넌방으로 구성되어 있고 부엌채는 안방에 붙어 있는 경우가 대부분이다. 그런데 이 집의 안채는 가운데 대청을 중심으로 양쪽에 안방과 건넌방의 크기와 형태가 같고, 두 방에 같은 크기의 고방庫房(광)과 부엌이 달린 정대칭인 ㄷ자 형태다.

보통 옛집에서 안방은 집안의 실질적인 권력을 가지고 있는 시어머니의 공간이며 건넌방은 며느리가 사는 공간이다. 그리고 시어머니가 연로해지면 어느 시점에 며느리에게 안방과 곳간 열쇠를 물려주며 건넌방으로 건너간다. 그러나 이 집은 두 공간의 위상과 규모가 같다는 점에서 며느리와 시어머니가 동등한 권력을 갖고 있었음을 추측할 수 있다. 물론 이 고택을 우리 주거의 일반적인 형식이라고 주장할 수는 없지만, 예전에도 가족의 가풍이나 분위기, 구성원에 따라 집의 구성이 달라지고 적정한 거리를 가졌음을 읽을 수 있다.

충남 논산 '명재고택'도 사랑채, 안채, 사당 세 개의 영역으로 구성되어 있다. 특히 세 영역이 물 흐르듯 이어져 있는데, 붙어 있는 공간들은 여러 개의 크고 작은 마당으로 연결되고 구분된다. 대청 앞에 반듯하고 밝은 안마당, 부엌과 창고 사이의 좁지만 길고 아늑한 부엌 마당, 장독대가 놓여 있고 작은 화단이 곁들여져 있는 대청 뒤편에 있는 뒷마당, 사랑채와 건넌방을 거쳐 사당으로 통할 수 있는 마당 등 각기 독특한 공간감과 기능을 수행하는 마당들이 구성원 각자의 공간으로 만들어졌다. 각자의 공간에 머물고 있는 사람들은 잠시 눈을 피하고 쉴 수 있는 마당을 갖고 있는 것이다. 중심 지향의 공간이 아니라 공간마다 개별적으로 중심을 가진 독특한 집이다.

우리가 경기도 과천에 설계한 '장연재'는 그런 마당의 지혜를 현대에 어떻게 적용할지에 대한 고민을 담은 집이다. 과거에는 넓은 대지에 수평적으로 마당을 펼칠 수 있는 환경

+
'장연재'는 수직으로 공간을 나누고
마당을 배분해서 1층은 사회적 공간,
2층은 가족의 공간, 3층은 개인적 생활을
하는 공간으로 나누었다.

이었지만, 지금의 도시 환경에서는 그런 개념을 구현하기란 쉽지 않다. 또한 가족 간 거리를 유지하고, 각자의 생활을 담아야 하며, 방문객이나 집의 사회적 의미를 중요시하는 사람이라면 특히 효과적인 분리와 공존에 대한 고민이 깊을 수밖에 없다.

그래서 이 집은 수직으로 공간을 나누고 마당을 배분했다. 세 층으로 구분해 1층은 사회적 공간, 2층은 가족의 공간, 3층은 개인적 생활을 하는 공간으로 나누었다. 그리고 이 공간들을 통합하는 수직 동선, 즉 계단을 두었다. 일단 집으로 들어와 움직이는 내부 계단과 밖에서 수직의 각각의 공간으로 연결되는 외부 계단을 따로 설치했다. 사적인 공간과 공적인 공간이 켜를 달리하며 연속되기 때문에 외부에서 직접 들어가는 동선과 내부에서 연결되는 동선이 마당을 사이에 두고 한 번씩 서로 만나 교차한다.

가족들은 집 안에서나 밖에서 자유롭게 각 층이나 각 방으로 간섭받지 않고 독립적인 출입이 가능하다. 계단은 중간참에서도 자유롭게 방향을 정할 수 있으며 이 과정에서 2층과 3층의 마당이 자연스럽게 공유된다. 즉, 이 집의 공간은

ⓒ 홍석규

전통 한옥에서 채로 나뉘었던 가족의 공간을 층과 켜로 나누며 현대화한 것이다. 마당 또한 층마다 새로운 모습으로 변신하며 각자의 용도를 찾게 된다.

산과 물을 즐기는 집

요산요수

△
―――――――――――

 몇 년 전부터 부동산으로서의 경제적 가치보다는 가족의 안식처로서의 집, 그 본연의 가치를 생각하며 건축설계를 맡기는 사람이 많아졌다. 게다가 코로나19 시국이 이어지면서 온 가족이 집에 머무는 시간이 길어지다 보니, 자연스럽게 집에 대한 사람들의 관심이 폭발적으로 늘어나고 있음을 실감했다.
 집에 대한 욕구나 기호는 사람마다 물론 다르게 마련이다. 아파트처럼 이미 지어진 집은 기성품을 고르듯 여러 조건을 놓고 비교해볼 수 있지만, 직접 집을 지으려면 일단 어디에 있는 어떤 땅을 골라야 하는지에서부터 막막한 심정이 된다. 가령 도시에 있고 교통이나 접근성이 좋은 땅은 인구밀도가 너무 높아 답답하고, 전원주택지는 일터와의 거리나 아이들의 교육 문제가 걸린다.

그래서 사람들은 몇 년에 걸쳐 여러 군데 나와 내 가족에게 맞는 땅을 찾아다닌다. 자연이 좋아서 교외에 나가 살고자 하는 사람도 많지만, 일터가 있는 도심 한복판에서 절묘한 해법을 찾는 사람도 있다.

서울 평창동은 서울에서도 중심지라 할 수 있는 곳이지만, 거대한 자연을 접한 지역이기도 하다. 큰 도로를 사이에 두고 협곡처럼 두 개의 언덕이 골짜기를 이루며 마주 보고 있다. 서쪽은 북한산을 기대고 있으며 비교적 크고 호화로운 집들이 자리 잡고 있고, 북악산과 인왕산을 기대고 있는 동쪽 언덕은 상대적으로 경사지의 규모가 작고 오래된 집들이 구석구석에 숨어 있다.

그 동네에 집을 짓겠다며 젊은 부부가 찾아왔다. 그들은 신혼살림을 평창동 단독주택에서 시작했는데, 살아보니 동네가 마음에 들어 꽤 오랫동안 발품을 팔아 적당한 땅을 구입했노라고 했다.

집을 지을 땅은 평창동 동쪽 언덕에 있었다. 지어진 시기와 공사의 수준이 들쭉날쭉한 집들이 무척 가파른 경사지 위에 앉아 있는 동네였고, 제일 안쪽에 있는 집터로 들어가려면 한참을 올라가야 했지만 경치가 좋았다. 집의 앞과 옆으로 지어진 연립주택들이 중간중간 경관을 살짝 가리기는 하지만, 건너편으로 펼쳐진 북한산은 직접 보기 전에는 상상하기 어려울 정도로 장엄하고 수려했다.

원래는 집이 있었던 모양이었는데, 언제 부서졌는지 모를 집의 잔해가 땅을 다 덮고 있었다. 게다가 잡초가 우거져서 땅의 맨얼굴이 보이지 않았다. 경사가 심해 접근이 어렵고 얼핏 험해 보이는 모습 때문인지, 아무도 이 땅에 집 지을 엄두를 내지 못했던가 싶었다.

오랫동안 주인을 찾지 못했던 땅을 사게 된 부부는, 놀라운 경관과 도심에서 가까운 입지가 다른 불리한 조건들을 충분히 덮을 수 있다고 생각했다. 우리는 땅을 보고 와서 그들이 살고 싶은 집에 대한 이야기를 들으며 설계를 시작했다.

프로그램은 단순했다. 나중에 아이들이나 손님들이 독립적으로 사용할 수 있는 방을 2층으로 올리고, 1층 부부의 침실은 거실이나 식당 등 공적 공간과 적당히 분리하고 싶다고 했다. 그리고 키우고 있는 세 마리 고양이와 한 마리 개를 돌보기 쉬운 구조의 공간이면 더 좋겠다고 했다.

기본적인 몇 가지 요구사항과 더불어, 집에서 수영을 할 수 있는 풀장을 하나 만들어달라고 했다. 개인 주택에서 수영장을 만들 경우 면적의 제한이 있지만(66제곱미터 이하), 마당이나 정원과 다른 방식으로 즐길 수 있는 외부 공간이 된다.

대지의 조건이 밖을 향해 열린 곳과 닫힌 곳이 너무 명확하고 접근의 방향도 너무나 뚜렷해서 집을 계획하는 것은 정해진 길을 걷는 것처럼 명쾌한 과정으로 진행되었다. 땅의 모양에 맞춰 ㄱ자로 꺾인 평면을 그리고, 풀장과 중정과 작은 뜰을 만들었다.

집은 길에서 바라다보면 내부를 전혀 상상할 수 없을 정도로 단순한 모습이다. 현관을 들어서면 바로 오른쪽에 2층으로 올라가는 계단이 있고, 삼면이 열려 있는 거실로 향하게 된다. 그 동선의 중간에 독립적인 주방이 있다.

+
자연을 제한된 공간 속으로
들여오는 일은 무척 난해하다.
북한산의 숨결을
야외 풀장을 거쳐 안방까지 안착시킨
'요산요수'는 그래서 아름답다.

왼편으로는 작은 중정을 끼고 다양한 풍경을 보며 걸어가는 긴 복도 끝에 부부의 침실이 있다. 그리고 그 침실은 문을 열자마자 어슷하게 이어진 풀장과 곧바로 연결된다. 멀리 북한산의 풍경이 물에 비치고 그 빛은 다시 안방의 천장으로 반사되어 어른거린다. 풀장은 거실에서도 안방에서도 쉽게 접근이 가능한, 마당과 같은 역할을 하게 된다. 수영하고 방으로 들어올 때 바로 이용할 수 있도록 욕조가 침실 한편에 가구처럼 자리를 잡았다.

설계는 무척 순조롭게 진행되었다. 다만 공사를 시작해 보니 역시 언덕 끝자락에 매달린 집의 주변을 정리하는 일이 쉽지 않았고, 행정 절차의 이유 없는 지연도 어려움 중 하나였다. 보통 그렇게 일정이 늦어지면 힘든 기색을 보이게 마련인데, 부부는 전혀 흔들림 없이 의연하게 기다려주었다. 개와 고양이를 거두어 가족으로 삼은 부부의 심성처럼, 여기저기 따뜻한 햇볕과 별처럼 반짝이는 도시의 불빛이 스며드는 공간이 퍼즐을 맞추듯 하나하나 완성되었다.

시작이 있으면 끝이 있다. 부부는 집의 이름을 큰 산을 즐기고 맑은 물을 즐기는 집, '요산요수樂山樂水'로 정했다. 그

ⓒ 박영채

이름처럼 과정의 괴로움은 발뒤꿈치로 북북 지워버린 땅 위의 낙서처럼 희미하게 사라져버리고, 이제는 집과 자연을 즐길 일만 남았다.

따로 또 같이 꿈꾸고 자라는 집

더블헬릭스 하우스

───────────────

어느 늦은 가을 토요일 아침, 부산에서 무척 명랑한 성격의 부부 두 쌍이 서울 우리 사무실로 찾아왔다. 우리는 만나자마자 오래전부터 알고 지낸 사이처럼 스스럼없이 이야기를 이어 나갔다. 두 살 터울의 남매가 각자 결혼해서 가정을 꾸려 살다가 집을 같이 짓기로 생각을 모으고 준비 중이라고 했다. 누나네 부부는 6세와 4세, 동생네 부부는 8세와 6세 등 합하면 4명의 아이가 있다. 이들은 아이들의 취학을 앞두고 고민이 많았고, 그래서 집을 짓고 공동육아를 하는 방법을 찾아보기로 했다고 한다.

집 지을 곳을 오래 알아보았고, 부산 명륜동의 오래된 골목 안쪽에 있는 땅을 구했다. 이들은 그곳에 '듀플렉스 하우스'를 짓기로 했는데, 두 집을 붙여서 짓는 형식의 집을 한국에서는 '땅콩집'이라는 애칭으로 부른다. 듀플렉스 하우스는 한동안 단독주택의 대안으로 유행하기도 했다. 그 덕분에 우리는 부산이라는 도시에서 처음 집을 짓게 되었다.

땅은 큰길에서 좁고 얕은 골목길로 조금 들어가면 바로 나오는 곳이었고, 동래향교가 아주 잘 보이는 곳에 있었다. 주변으로 오래된 주택들과 높지도 낮지도 않은 건물들이 어지럽게 널려 있었다. 땅은 좁고 긴 형상으로 두 채가 동등한 조건을 갖춰야 하는 듀플렉스 하우스를 설계하는 데 불리한 조건이었다. 심지어 각도도 조금 비틀어진 사다리꼴 형태라 내부의 채광과 환기, 일조와 전망도 모두 불리했다.

게다가 북쪽의 동래향교를 바라보는 방향이 가장 열린 전망인데, 두 집이 동등하게 그 전망을 취하기란 너무 어려운 과제였다. 남쪽으로는 3층집이 있어 채광을 확보하기가 쉽지 않았다. 대지의 면적도 여유가 없어 한 층의 넓이는 106제곱미터(약 32평)이고 그걸 둘로 나누면 53제곱미터(약 16평)가 된다. 네 식구가 사는 집의 규모를 생각하면 각 세대당 최소 3층은 되어야 했다. 두 집이 동등한 조건을 갖추려면 각 층마다 위치가 서로 바뀌면서 단독주택처럼 사방의 전망을 다 확보하면 좋겠다고 생각했다.

즉, 계획의 원칙은 첫째 따로 또 같이, 둘째 동등한 조건, 셋째 동래향교 쪽 전망 확보였다. 그리고 집의 중간에는 채광과 환기가 가능한 중정이 꼭 필요했다. 핵심은 계단이다. 계단 형태에 대한 공모까지 사무실 내부에서 진행한 끝에 둥그런 튜브형 중정을 감싸며 꽈배기처럼, 혹은 똬리를 트는 뱀처럼 감고 올라가는 이중나선 계단을 계획했다. 꽈배기 계단은 우측과 좌측을 번갈아가면서 오를 수 있어 두 집 모두 네 방향의 전망을 갖고, 서로 만나지는 못하지만 창문을 통해서 교류가 가능하다.

이렇게 특별한 평면 계획안을 보여주었는데 다행히 두 가족 모두 만족스러워했다. 좁은 통에 갇힌 것처럼 사방의 건물과 길들이 옥죄고 있는 대지의 여건에서 최선의 해결책

ⓒ 김용관

이기도 했다. 동네에서 너무 튀지 않으면서 집의 용적을 최대한 찾을 수 있도록, 복잡한 내부를 벽돌로 된 단순한 덩어리로 감쌌다. 정면에 나란히 있는 각자의 출입구에서 시작해 교차하면서 층을 오르고 결국 옥상에서 만나는 폐곡선이 집의 내부를 엮어주게 된다. 그리고 1층은 공동으로 쓸 수 있는 도서관의 기능을 넣어, 총 다섯 개의 층으로 구성된 집의 편의성을 위해 양방향으로 열리는 엘리베이터도 설치했다.

건축에서 가장 어려운 일은 역시 원통을 감싸고 도는 이중나선 형태의 계단을 형틀을 만들고 철근을 매고 콘크리트를 부어 만드는 것이었다. 높고 가파른 암벽을 손을 짚고 발을 차근차근 딛고 오르는 것처럼 쌓아올렸고, 우리는 그 과정을 경이롭게 바라보았다.

골조가 올라가며 앞집 담, 지붕, 동래향교가 차차 눈에 들어오기 시작했고, 겨울과 봄을 거치고 더운 여름에 공사는 마무리되었다. 집은 동네에 담담하게 어울리는 외관과 소용돌이치듯 역동적인 내부의 형상을 감추며 완성되었다.

1층은 동네와 만나는 곳이고 집으로 들어오는 장소다. 각 집의 개성은 현관을 들어가면 반듯한 타일과 자유분방한

+
'더블헬릭스 하우스'는 빛과 바람을 들이는
동그란 우물 같은 중정을 두었는데,
빛이 들어오는 광정이라고도 할 수 있다.

타일로 드러난다. 현관 입구에 손을 씻는 세면대를 배치한 것은 코로나19를 겪은 이후 아이들의 위생을 배려한 것이다. 그리고 바로 엘리베이터 입구가 나온다.

아치형 문으로 들어서면 이중나선 계단이 나오고 그 가운데 빛과 바람을 들이는 동그란 우물 같은 중정이 나온다. 두 방향의 길이 만나는 곳이라 정원을 꾸밀 만한 여유가 없었기에, 내부에 원형 중정을 넣었다. 중정이라고도 할 수 있고 빛이 들어오는 광정光#이라고도 할 수 있는데 허파와도 같은 역할을 한다. 그 뒤로 두 집이 같이 사용할 수 있는 공용공간(어린이 도서관이자 놀이공간)이 있다.

2층은 아이들의 침실이 있는데, 남쪽의 방은 요즘 흔히 '벙커형 침대'라고 부르는 2층으로 된 침대가 있는 방이다. 2층 침대의 높이에 맞춰 층고를 높였고, 그로 인해 3층 주방의 높이에 변화가 생긴다. 침대 아래에는 숨어드는 것을 좋아하는 아이들이 들어가서 놀 수 있는 공간이 있고, 전망이 좋은 동래향교 쪽으로는 창이 큰 방이 나온다. 계단을 나오면 창문에 걸터앉을 수 있는 나무 벤치가 있다.

3층은 중간 영역이자 거실과 부엌이 있는 공간이다. 즉,

1층과 3층과 5층은 공적인 공간이고, 2층과 4층은 침실이 있는 사적인 공간이다. 거실은 물론 전망이 좋은 북쪽 동래향교 쪽이고 남쪽은 벙커형 침대방의 상부라 층고가 낮아도 되는 주방이다. 거실과 주방 사이의 계단은 앉아서 쉴 수 있는 의자 같은 역할을 겸한다. 감각은 상대적이라, 좁은 공간을 거쳐 약간 넓어지는 공간으로 나아가면 매우 넓다는 생각이 드는 것처럼, 높이도 마찬가지다. 아마 두 집의 가족들은 대부분 이 공간에 머물며 같이 시간을 보낼 것이다.

 4층은 부부의 침실이 북쪽 동래향교 쪽으로 있고 남쪽으로 서재와 취미방이 있다. 그리고 다락이 있는 마지막 층은 옥상으로 나가면 사방으로 탁 트인 전망과 함께 두 집이 드디어 만날 수 있는 공간이다. 1층 도서관과 더불어 공간의 순환을 상징하는 곳이다. 그렇게 '더블헬릭스 하우스Double helix House'는 두 집이 꿈꾸고 자라는 집이 되었다.

한 지붕 아래
단독주택 아홉 가구가 있는 집

맑은구름집

우리나라의 주택 보급률은 100퍼센트가 넘은 지 10년이 지났다. 전국에서 제일 낮은 서울도 94퍼센트를 넘어섰다. 이 정도면 이제 모든 가구가 집 걱정을 하지 않고 사는 게 당연할 것 같다. 그러나 집이 부족하다. 특히 도시에서는 자가 비율이 50퍼센트를 밑돈다고 하는데 논리적으로 이해하기 어려운 일이다. 사실 집은 100년 전에도 부족했고 30년 전에도 부족했고 지금도 그렇다. 그래서 끝없이 무언가를 밀어내며 집이 지어진다. 결핍을 자양분으로 삼아 집값은 오르고 그 '집값'은 정치적 이슈가 되며 사람들에게 기쁨과 슬픔을 준다.

도시 주택난의 역사를 되돌아보면, 20세기 초에도 문제가 아주 심각했다. 그때 경성에서는 정세권鄭世權, 1888~1966 이라는 인물이 그에 대한 해법을 제시하고 실행했다. 이를테면 개발사업의 원조 격인데, 그의 해결 방식은 표준화된 한옥을 짓고 금융 편의를 봐주며 공급하는 것이었다. 그가 공급했던 집들은 지금 한옥마을로 널리 알려진 종로 가회동 31번지나 익선동 166번지 일대의 한옥들이다.

그는 큰 집이 있었던 넓은 필지를 쪼개 여러 필지로 나누어 적당한 크기의 도시형 한옥을 짓고, 사람들을 모아 '할부금융'을 통해 매입에 필요한 경제적인 도움을 제공하며 분양했다. 집은 대청 맞은편에 장독대와 그 아래 광을 둔 공간을 만들고, 유리창이 달린 툇마루와 대청마루, 마당을 품은 ㄷ자형과 ㅁ자형 한옥의 구조였다. 기존의 한옥 형식에 달라진 근대의 생활을 담은 집은 단순히 개발사업만이 아닌 시대적인 흐름과 변화를 반영한 것이었다.

20세기 현대건축의 주거에 대한 화두 역시 표준화와 대

량생산이 가능한 평등하고 보편적인 건축에 대한 고민이었다. 그래서 공동주택이 많이 연구되고 실험되었는데, 그런 이념이 가장 화려하게 꽃핀 곳은 바로 우리나라일 것이다. 다만 현대건축의 영웅들이 생각했던 그런 윤리적이고 민주적인 삶의 도구로서의 집이 아니라, 부를 증식하는 수단으로서의 집이 된 것이 아이러니다.

공동주택의 큰 축은 대단지 아파트다. 1960년대부터 마포아파트, 회현 시민아파트, 금화아파트, 여의도 시범아파트 등 다양한 아파트가 정책의 지원을 받으며 들어섰고, 1970년대 말 강남이 개발되면서 도시의 풍경이 크게 바뀌기 시작했다. 또 하나의 축은 연립주택들이다. 작은 단위의 필지에 쉽게 지을 수 있는 장점 때문에 1980년대 이후 골목마다 빼곡히 들어서기 시작한다. 흔히 '빌라'라고 부르는데 원래는 유럽, 특히 이탈리아에서 별장을 뜻하는 단어를 가져다 쓰면서 연립주택의 대명사처럼 되었다.

법적으로도 주택은 크게 단독주택과 공동주택으로 나뉘는데, 단독주택은 한 가구만 사는 진정한 의미의 단독주택과 다가구주택, 다중주택 등 세 가지가 있다. 다가구주택은 요즘 가장 흔한 주거의 형식으로, 3층 이하 단일 건물에 여러 가구가 살고, 각각의 주방과 화장실 등 독립적인 삶을 영위할 수 있는 기본적인 구성을 갖추고 있다. 건물의 소유주가 한 사람이라 세대를 나누어 분양할 수 없고 임대만 가능하다. 다중주택은 흔히 고시원이라고 부르는, 개별적인 방이 여러 개 모여 있고 화장실이나 주방을 공유하는 형식이다.

공동주택은 아파트, 다세대주택, 연립주택으로 나뉜다. 5층 이상이면 아파트가 된다. 4층 이하면서 연면적이 660제곱미터(약 200평) 이하면 다세대주택이고, 그 이상의 규모면 연립주택이다. 여기서 전용면적 83제곱미터(약 25평), 300세대 이하면 다시 도시형 생활주택으로 분류된다. 소유 형식과 규모에 따른 분류가 되어 있지만, 단독주택을 빼고 나머지는 사실상 공동주택으로 우리나라 집의 변천사가 그 용어들에 담겨 있다.

한 채의 집이었다가 여러 가구가 함께 살게 되고, 방을 하나씩 쓰다 층을 올려 짓는 연립주택이 나오고, 그런 집들이 한꺼번에 개발구역으로 묶여 철거되어 아파트가 되고……. 그렇게 하면서 생기는 '개발이익'을 좇는 것을 모든

+
'맑은구름집'은 가구마다
채광, 조망, 주방이나 화장실의 형태가 다르다.
방 크기나 개수도 제각각이다 보니
창문 모양도 불규칙적이다.

일보다 우선하다 보니 다들 몸에 맞춘 집에 사는 것이 아니라 집에 몸을 맞춰가며 살아간다.

최근 불특정 다수를 대상으로 똑같은 평면을 반복하는 기존 공동주택의 부족한 점들을 개선하려는 시도가 이어지고 있다. 조합주택 혹은 공동체 주택, 사회주택, 셰어하우스 등 그곳에 사는 사람들에게 필요한 조건들을 다양하게 반영한 집들이 그렇다.

서울 청운동에 지은 '맑은구름집'은 아홉 가구로 이루어진 공동체 주택이다. 가족의 구성원도 제각각이고, 기호도 취향도 다른, 이를테면 단독주택 아홉 채가 한 건물에 담긴 형식의 집이다. 이웃이 될 가구원들은 일찌감치 모여서 대지를 마련하는 일부터 함께 시작했고, 각자의 개성과 용도를 반영하며 한정된 규모 안에서 조각 모으기 게임을 하듯, 혹은 조각보를 꿰매듯 공간을 맞춰나갔다.

땅의 모양도 남북으로 좁은 사다리꼴 형태였기 때문에 가구마다 채광, 조망, 주방이나 화장실의 형태가 다 다르고, 심지어 복층까지 결합된 복잡한 구조로 완성되었다. 방의 크기나 개수도 제각각이다 보니 밖에서 보는 창문의 모양도 불

ⓒ 박영채

규칙적이다. 지하에는 공동 주방과 거실이면서 각자의 책을 모은 도서관이자 음악실이 있다. 여분의 짐들을 가구별로 보관할 수납공간과 세탁실도 따로 마련했다.

여태껏 그래왔던 것처럼 시대에 따라 집이라는 형식도, 그 안에 담기는 삶도 계속 변화할 것이다. 단독주택과 공동주택의 장점이 결합되고, 집이라는 매개체를 통해 이웃을 맺고 함께 사는 공동체를 이루는 사례들도 다양하게 나타날 것이다.

사찰의 고정관념을 깬 집

제따와나 선원

─────────────

 시간은 빨리 흐르고 세상은 늘 변한다. 그 변화에 적응하며 새롭게 혁신을 하는 과정이 인류의 역사이기도 하다. "고정된 것은 없고 모든 것은 변한다. 그래서 늘 공부하고 정진해야 한다." 이 말은 석가모니의 마지막 가르침이라고 한다. 고행을 참아내며 깨달음을 얻는 것이 아니라 현재를 긍정하며 지금의 시간에 집중하는 것이 불교의 핵심이라는 것이다.
 이것은 제따와나 선원이라는 불교 사찰을 설계하며 들

었던 이야기다. 제따와나Jetavana는 석가모니 부처가 가장 오래 머문 장소로 '제따 왕자의 숲'이라는 뜻이다. 급고독장자給孤獨長者라는 사람이 제따 왕자에게서 이 땅을 얻어 선원을 지은 덕에 한자로는 기수급고독원祇樹給孤獨園, 줄여서 기원정사祇園精舍로 부르는데, 일본 교토의 기온祇園 거리도 이 단어에서 유래했다.

일묵 스님이 서울의 번잡함이 없는 고요한 곳에 어울리는 사찰을 설계할 건축가를 찾던 중 우리와 인연이 닿아 그 일을 맡게 되었다. 그곳은 강원도 춘천 남쪽 끄트머리에 북한강과 홍천강이 만나 큰물을 이루는 곳에 있었다. 그 덕분에 불교 신자는 아니지만, 불교라는 종교와 사찰에 대해 깊이 생각해보게 되었다.

불교가 우리나라에 처음 들어와 정착하게 된 것은 4세기 즈음이라고 한다. 고구려 소수림왕 2년, 즉 372년에 처음으로 사찰을 짓고 불교를 공인했다고 하니, 1,600년이 훨씬 넘는 시간이 흐른 것이다. 그동안 많은 변화가 있었을 것인데 우리가 아는 형식은 아무리 멀리 가더라도 고려시대에 다시 지어진 경북 영주 부석사 무량수전, 충남 예산 수덕사 대웅

전 등 남아 있는 건축물로 유추할 뿐이다.

잘 알다시피 불교는 인도에서 태동해 중국을 거쳐 우리나라에 오게 되었고, 사찰의 형식도 중국의 목조건축으로 시작되었다. 즉, 그 형식은 부처가 살았던 시대의 인도 양식이 아니라 당시 우리의 보편적 구조였던 목구조 방식으로 번안되어 정착된 것이다. 거기에 불교의 교리를 해석해 반영하고 종교적 의식이 이루어지는 동선과 위계에 의한 구성이 만들어졌다. 대체로 일주문과 천왕문에서 시작해서 보살단, 신중단을 거치는 하나의 과정으로 이루어지는 방식이 오랜 시간 사찰 건축의 전형으로 전해 내려왔다.

그런데 사찰의 설계를 우리에게 의뢰한 스님은 석가모니의 원래의 가르침으로 돌아가고자 하는 생각을 갖고 있었다. 모든 것이 그렇듯 불교도 우리나라에 들어온 후 많은 시간이 지나는 동안 원래의 취지나 가르침이 많이 달라진 측면이 있다는 것이다. 말하자면 '초기 불교'의 정신으로 돌아가자는 취지였다.

사찰이라고 하면 대부분 기와지붕에 목구조가 드러나는 전통 건축 형식을 먼저 떠올린다. 그러나 그런 형식으로 짓기 시작한 때부터 지금은 많은 시간이 흘렀고 사회가 변했고 생활의 패턴도 변했다. 그래서 설계의 방향을 잡을 때, 과거의 방식과 불교적인 교리를 바탕에 깔되 현대적인 생활 습관에 적합하게 계획을 하고자 했다.

    종교란 지향점은 각자 다르겠지만 어디론가 들어가는 길이다. 절대자 혹은 진정한 가르침의 세계로 들어가는 길이며 높은 곳에 이르러 우리가 걸어들어온 길을 되돌아보는 것이다. 물론 높은 곳에 이르러 절대적인 정신을 만나기도 하지만, 궁극적으로는 본연의 나를 만나는 곳이기도 하다. 사실 우리의 불교 건축은 그런 길에 대한 탁월한 해석과 공간감을 드러내고 있다. 직선으로 뻗어나가기보다는 휘어지고 꺾어지기도 혹은 빙 돌기도 하며, 지세地勢와 종교적인 교의敎義가 건축으로 자연스럽게 녹아드는 방식으로 발전했다.

    그런 측면에서 가장 건축적인 의상 대사의 「법성게法性偈」의 도상圖像을 참고로 입체적인 그림으로 만들어보았다. 지금 여기서, 가장 보편적인 구조인 철근콘크리트 구조를 바탕으로 최신 설비를 적용한 건축에 가장 오래되고 근원적인 교리를 담는 것은 역설적으로 아주 새로운 도전이 되었다.

+
'제따와나 선원'은
절대자에 대한 믿음만큼
자아를 찾아가는 과정도 중요해진
현대 종교의 성격을 그대로 담고 있다.

소프트웨어적 측면에서 전통 사찰의 배치 개념을 담되 외벽은 기원정사 유적의 이미지를 상징하는 벽돌을 제안했다. 40만 장의 벽돌로 벽과 바닥을 마감한 외관은 무척 낯설게 보일 수도 있었다. 그 대신 전남 구례 화엄사의 가람伽藍 배치의 방식을 고려해 일주문을 지나 안으로 향하는 길은 직선으로 곧장 가지 않고 세 번 꺾어 들어가게 했다. 대지의 원래 높낮이를 이용해 세 개의 단을 조성해 순서대로 세속의 영역(종무소와 숙소), 수행자의 영역(요사채), 부처의 영역(법당과 선원) 등 위계에 맞게 건물을 올려놓았다.

물론 변화에 대해 두려워하고 낡은 것에 집착할 때 불협화음이 생긴다. 이전에는 없었던 것을 창조한다는 측면에서 혁신은 많은 오해를 부르기도 한다. 우리가 생경한 형식의 사찰을 설계하고 시공하는 과정에서 만난 많은 공무원과 심의위원이 "사찰에 왜 기와지붕을 올리지 않았는지, 즉 한옥으로 짓거나 한옥의 이미지를 차용하지 않았는지 이해할 수 없다"며 허가를 쉽게 내주지 않아 설득하는 데 애를 먹기도 했다. 그런 과정을 거쳐 2년 만에 완성된 제따와나 선원은 한국의 종교시설로는 최초로 2020년 아시아건축사협의회

ⓒ 박영채

건축상ARCASIA Awards을 받았다.

종교의 사전적 의미는 '신이나 초자연적인 절대자 또는 힘에 대한 믿음을 통해 인간 생활의 고뇌를 해결하고 삶의 궁극적인 의미를 추구하는 문화 체계'다. 그러다 보니 종교시설들은 대체로 나약한 인간들이 절대자에게 감응할 수 있는 권위와 위엄을 갖춘 형식을 선호하기도 한다. 처음도 과정도 결과도 즐거운 중도中道의 정신이 안과 밖에 스며든 공간으로 완성한 제따와나 선원은 절대자에 대한 믿음만큼 자아를 찾아가는 과정도 중요해진 현대 종교의 성격을 그대로 담고 있다.

제3부

집은
시간이 짓는다

단순함과 여백이 있는 집

루치아의 뜰

△
─────────────

 우리는 과잉의 시대에 살고 있다. 아이들의 미래를 위해서라고 하지만 교육도 과잉이고 심지어 걱정까지 과잉이다. 과잉의 문제는 현대를 살아가고 있는 사람들의 공통된 고민일 것이다.
 예전에는 어떻게 하면 조금이라도 더 섭취하고 축적할 수 있을지 고심했다면, 지금은 어떻게 하면 덜어낼 것인지에 대한 고민이 크다. 늘 책상 위에 잔뜩 얹어놓은 잡동사니들과 집 안 이곳저곳을 차지하고 있는 짐을 정리하기 위해 땀을 뻘뻘 흘리지만, 그 어딘가에 샘이라도 있는 것처럼 짐은 줄어들지 않고 계속 솟아 나오니 신기할 따름이다. 그 짐을 꺼내놓고 바라보다 보면 왜 이렇게 많은 짐을 이고 지고 살아왔나 싶은 회한이 밀려온다.

오래전 우리가 집을 이사할 때의 이야기다. 집을 정하고 이사할 날을 잡는데 이사할 곳이 비는 시점과 살던 집에서 나가야 하는 시점이 두 달 정도 차이가 났다. 하는 수 없이 살림살이의 70퍼센트 정도를 이삿짐센터 창고에 임시 보관하고 그동안 간단한 살림만으로 살았다.

우리의 걱정과는 달리 그 두 달 동안 크게 불편하거나 물건의 부재 때문에 곤란해지지는 않았다. 덮고 자는 이불, 간단한 식생활 도구, 몇 점의 옷가지 등 사는 데 꼭 필요한 것은 생각보다 많지 않았다. 그때, 도대체 우리가 맡겨놓은 그 많은 살림은 과연 무엇인지 생각했다. 무엇 때문에 그 많은 짐에 대부분의 공간을 빼앗긴 채 살았던 것일까 하는 의문이 들었다.

우리의 삶이 그렇다. 항상 모으고 쌓아놓고 바라보며 인생의 큰 성과인 양 만족하지만, 사실 그것들은 그야말로 인생의 무거운 짐이며, 심지어는 역설적으로 우리를 옥죄는 사슬이 되기도 한다. 어쩌면 정말로 우리에게 필요한 것은 가볍고 쾌적하게 살 수 있는 단출한 살림과 단순하고 편안한 삶일 것이다.

우리가 흔히 민가 혹은 살림집이라 부르는 공간도 그런 단순함과 여백이 있었다. 지금 아이들은 어떨지 모르겠지만 예전에 우리에게 집을 그려보라고 연필을 주면 대뜸 그리는 집, 말하자면 박공지붕에 마루가 앞에 있고 그 뒤로 방들이 나란히 딸린 그런 집들이 그렇다.

충남 공주의 '루치아의 뜰'도 원래는 전형적인 살림집이었다. 어느 날 우리에게 한 통의 정성스러운 이메일이 왔다. 공주 구도심에 낡은 한옥을 한 채 샀는데, 그 공간을 고쳐서 가까운 사람들과 차를 마시고 이야기하는 공간으로 꾸미고 싶다고 했다.

집은 세 칸짜리의 가장 일반적인 일자집이었고, 9제곱미터(약 3평) 크기 방이 두 개 붙어 있고 그 앞으로 9제곱미터 정도 되는 마루가 있고 15제곱미터(약 4평) 남짓한 부엌이 있는 33제곱미터(약 10평)가 조금 넘는 전형적인 집이었다. 또 지은 지는 50년이 조금 넘어서, 아주 오래된 한옥은 아니었다.

주인은 그 집을 보고 뜰이 무척 마음에 들어 사들였고, 원래 집을 짓고 살았던 분이 몇 년 전에 돌아가신 성당의 교우였다는 사실을 알게 되었다고 한다. 그래서 '스텔라의 뜰'을 이어받아 '루치아의 뜰'로 고치고 싶다는 이야기였다. 그 말에 감동해 우리가 설계해보겠노라 이야기했다.

그리고 집을 보러 공주로 갔다. 골목 끝에 색이 빠지고 삐거덕거리는 파란색 철 대문이 위태롭게 달려 있었고 담은 기울어 넘어지기 직전이었다. 옛 주인이 쓰던 여러 가지 가재도구가 마당에 흩어져 있었고, 아름답다던 뜰은 스산해 보였다. 그러나 자세히 들여다보니 집의 뼈대는 멀쩡했고 지붕도 새는 곳 하나 없어 청소만 잘하면 될 것 같았다.

집은 남북으로 긴 땅의 모양을 따라 지어져서 남쪽이 막혀 있고 동향으로 앉아 있었다. 그래서 들어갈 때 보이는 집의 정면에 유리창을 달고 막혀 있던 다락은 시원하게 열고 서까래를 노출해 누마루처럼 만들었다. 원래부터 달려 있던 두 개의 문은 틀을 그대로 살려 창호지만 새로 발랐다.

+
'루치아의 뜰'은
정면에 유리창을 달고 다락을 열고,
살림살이들을 소소하게 되살렸더니
말끔해졌다.

ⓒ 박영채

그렇게 석 달 동안 먼지를 걷어내고 남은 살림살이들은 소소하게 되살렸다. 닫혀 있던 부분도 열고 집을 닦았다. 방금 목욕을 끝낸 총명하게 생긴 소년처럼 집은 말끔해졌다. 그리고 그 집으로 들어오게 만든 뜰은 파릇해지며 아침 햇살을 마루로 가득 들였다.

집의 문을 열자 사람들이 줄지어 들어왔다. 마루에 앉아 차를 마시는 사람들은 넓지도 않은 뜰을 바라보며 좀처럼 일어나지 않았다. 아마 번잡한 도시와 모든 것이 넘쳐나는 지금의 시대에서 잠시 벗어나 이곳에서 '텅 빈 충만'을 누리는 것 같았다. 지금도 '루치아의 뜰'에 가서 마루에 앉으면, 우리에게 필요한 것은 단순한 삶과 정신적 충만이라는 생각을 하게 된다.

들꽃으로 가득한 집

들꽃처럼 피어나는 집

─────────────────

'들꽃처럼 피어나는 집'은 서울 성북동의 오래된 골목 안에 있는 작은 집이다. 그 집의 마당에는 들꽃이 가득하다. 20여 년 전 시골 국도를 지나다 길가에 동네 사람들이 편안하게 지어놓은 집을 보며 길가에 피어난 건강한 들꽃 같다는 생각을 했다. 나중에 집을 지으면 들꽃처럼 피어나는 집이라는 이름을 붙이고 싶었는데, 성북동에 집을 짓고 그 이름을 붙여주었다.

성북동은 여러 개의 얼굴을 가지고 있다. 원래는 서울성곽의 북쪽 언덕에 기대고 있는 서울 밖의 동네였고, 골이 깊고 물이 맑아 신선이 살 것 같은 동네였다. 사람들이 소박하게 사는 동네가 먼저 들어섰고, 1960년대 말 택지개발로 기존 동네 맞은편 언덕에 덩치가 크고 호화로운 집들이 들어서며 서울에서 손꼽히는 부촌의 대명사가 되었다. 층위가 다른 두 동네 위로는 서울성곽이 굼실굼실 산의 능선을 타고 느릿하게 기어가고 있다.

차가 못 들어가는 좁은 골목에 지은 지 50년도 넘어 보이는 집을 어떤 남자가 우연히 사게 되었다. 그는 이 동네를 예전부터 좋아해서 살 집을 구하러 다니다가, 나무와 블록으로 된 낡은 집을 품고 있는 66제곱미터(약 20평) 크기의 땅을 만났다.

바늘 하나라도 떨어지면 천둥소리가 울릴 듯 조용하고 구불구불한 동네 골목, 차가 들어오지 못하는 그 골목을 사람들은 개발 가치가 없다고 하겠지만 삶의 가치는 정말 높다. 하루 종일 안전하고 조용하다. 예전 우리의 삶은 그런 골목에서 이루어졌다. 누구나 그 기억을 잊지 못하고 그리워한다. 이 동네는 퇴각 신호를 접수하지 못해 어정쩡하게 남아 있는 패잔병처럼 조용히 엎드려 있었다.

66제곱미터의 땅에 건축법규를 지키며 설계하다 보니 한 층이 25제곱미터(약 7.5평) 남짓한 면적이 되어, 평면적으로 펼쳐놓아야 할 여러 기능을 수직으로 쌓아올렸다. 1층에는 거실과 주방과 화장실, 2층에는 침실과 화장실, 다락에는 손님방과 동네가 내려다보이는 누마루가 있다. 땅도 20평, 집도 20평이 된 셈이다.

지금이야 '협소주택'이라는 이름으로 작은 집이 많이 들어서고 있지만, 이 집을 지을 때는 그런 붐이 생기기 전이었다. 사실 나는 협소주택이라는 이름에 저항감이 있다. 협소하다는 말은 조금 부정적인 어감이 들기 때문이다. 그냥 '작은 집'이라고 부르면 안 될까? 서울의 실핏줄 같은 골목을 유지하자면 이런 작은 집들이 골목을 지켜야 한다.

아파트에 살던 주인이 단독주택으로 가는 가장 큰 이유는 마당을 하나 갖고 싶어서다. 그러나 좁은 골목 안에서 공사를 하다 보니 어려움이 많았고, 빠듯한 예산이 거의 바닥이 나서 조경을 할 비용이 조금밖에 남지 않았다. 한참 고민하다가 우리가 아이디어를 냈다. "들꽃을 심읍시다." 여기서 들꽃은 이름을 몰라 때로는 잡초라 부르지만 사실은 버젓이 이름이 있는 그야말로 들에서 자라는 자생초들이다. 우리처럼 낭만이 앞서는 조경가가 아주 흔쾌히 도와주었다. 그는 조경하는 날 까만 포트에 곱게 모셔온 40여 종의 들꽃을 펼쳐서 보여주었다. 정말로 그는 산으로 들로 찾아다니며 싱싱하고 생명력이 좋은 들꽃을 마당 구석구석에 어울릴 종류로 캐왔던 것이다.

김의털, 긴병꽃풀, 바위취, 만병초, 아주가, 송엽국, 민들레, 그늘사초, 돌나물, 괭이밥, 삼색버들, 상록패랭이, 종지나물, 관중, 이끼, 둥굴레, 수크령, 맥문동, 금계국, 고사리 등 그 이름을 입에 넣고 굴리기만 해도 너무 기분이 좋아지고, 여릿하면서도 화사한 모습들이 아름다웠다.

모두 함께 모여 들꽃을 심고 대나무를 엮어 대문을 만들고 원래 있던 담장에 우리가 심은 들꽃의 위치를 표시한 꽃지도를 그렸다. 설계와 공사를 포함한 1년이 조금 넘는 여정을 마무리하는 뒤풀이 같았다.

그래서 이 집은 마당이 네 개인데, 앞마당은 용과 거북

+

'들꽃처럼 피어나는 집'은
건강한 들꽃으로 가득한 집이며,
사람들과 마당에서 이야기하다 보면
집이 점점 커진다.

의 마당이다. 대문을 열고 집으로 첫발을 들이는 자리에 수도 계량기가 할 수 없이 놓이게 되어, 그 파란 뚜껑 위에 거북의 등을 그려 넣었다. 그사이 조경가는 어디선가 돌을 주워와 머리와 다리, 꼬리를 붙여주었다. 담장에 붙은 도시가스 배관은 용이라고 부르기로 했다. 예부터 집에 용과 거북을 상징하는 사물이나 글자가 있었다는데, 용은 불로부터, 거북은 물로부터 집을 지켜준다고 믿었기 때문이다.

골목으로 난 집과 골목의 틈에는 담을 쌓던 블록 사이에 대나무를 세웠고 그 옆 벽에는 페인트로 기러기를 그려 넣었다. 그래서 이 마당은 기러기와 대나무의 마당이다. 내가 좋아하는 『채근담』이라는 책에서 따온 말이다.

"기러기가 겨울 연못을 지날 때 연못은 소란스럽지만 기러기가 지나가고 나면 연못은 다시 고요해진다. 바람이 대숲을 지날 때 대숲은 시끄럽지만 바람이 지나고 나면 대숲은 다시 고요해진다. 그러므로 현명한 사람은 어떤 일이 닥치면 그 일에 몰두하지만 일이 끝나고 나면 마음을 비운다."

그늘진 옆 마당과 뒷마당에는 고사리와 관중 등 음지식물들을 심었다. 그렇게 들꽃을 닮은 집과 들꽃으로 가득한

ⓒ 박영채

마당이 완성되었다. 주인은 봄이 되면 심지도 않은 다른 들꽃들이 날아와 함께 피어난다며 꽃 소식을 보내주기도 한다. 간혹 사람들을 데려가 집 구경을 시켜주는데, 사실 그냥 한 바퀴 돌면 10분도 안 걸릴 공간이지만 사람들과 마당에서 이런저런 의미를 이야기하다 보면 1시간이 훌쩍 지나가고, 보는 사람들에게 그 집은 점점 커지게 된다. 이렇듯 집이란 물리적 크기보다 의미의 크기가 중요하다. 의미를 부여하면 공간은 무한히 넓어진다. '들꽃처럼 피어나는 집'은 작지만 건상한 들꽃과 의미로 가득한 집이다.

아버지의 꿈을 이어 지은 집 속의 집

언포게터블

△

10여 년 전, 무척 덥고 지루했던 여름이 끝나고 가을이 깊어 갈 무렵, 20대 후반의 결혼을 앞둔 예비 신랑 신부가 집을 짓고 싶다며 찾아왔다. 그들은 우리에게 건축설계를 의뢰하러 찾아온 사람 중에서 가장 젊은 나이였다.

이야기를 들어보니 그 커플은 내년에 결혼을 할 것이고, 신혼집을 어떻게 마련할 것인지 고민하던 중 신부의 고향에 있는 지은 지 20년 된 콘크리트 창고가 생각났다고 한다. 그걸 고쳐서 집으로 지어 자신들의 새로운 인생을 시작하는 출발점으로 삼고 싶다는 이야기를 했다.

그들의 이야기를 듣는 동안, 앞으로 벌어질 어려움과 거절할 핑계를 생각하고 있었다. 그러나 이야기 말미에 그들이 가져온 논과 밭 사이에 우뚝 솟아 있는 콘크리트 창고의 모습이 담긴 사진을 보는 순간, 갑자기 올가미에 걸린 듯, 주문에 걸린 듯, 피리 소리를 들은 듯 나도 모르게 물속으로 풍덩 빠지고 있었다. 물속으로 들어가며 200제곱미터(약 60평) 규모의 창고를 예산이 허용되는 범위까지만 고치겠노라는 이야기를 어렴풋이 들었다.

창고도 집이 될 수 있을까? 과연 집이란 무엇일까? 두 젊은이에게 사람들은 이야기했다. "나중의 환금성을 생각해야지……. 아파트를 사거나 임대하면서 시작해야 앞으로 재산을 불릴 수 있는데, 그 돈을 몽땅 그 낡은 창고에 쏟아부으면 허공에 사라지는 거야!"

그들은 주변 사람들에게 "이 집에서 평생 살 것이기 때문에 그런 걱정은 필요 없다"고 했다. 현명하기도 하고 무모하기도 한 그들의 생각을 듣고, 결국 그들의 집을 설계하기로 했다. 우리는 논과 밭 사이에 멀리 보이는 물을 가두어놓은 저수지 둑을 바라보며, 그들만의 집을 그려보겠노라고 비장하게 결심했다. 우리가 할 수 있는 일은 그들이 원하는 바를 읽고 그걸 집에 옮기는 일이다.

이 창고는 20년 전 신부의 아버지가 지었다고 한다. 아버지는 회사를 다니다가 고향으로 돌아와 새로운 사업을 시작하려고 이 주변 땅을 구입해 양계장을 만들고, 그 옆에 사료를 가공할 장소를 만들었다. 그곳이 바로 우리가 고칠 창고였다. 큰 기계를 들여야 했으므로 층고를 5미터 정도로 높게 잡았고 큼지막하게 철근콘크리트 기둥과 보로 뼈대를 만들었다. 벽체는 시멘트 블록을 쌓아 만들고 그 위에 시멘트 모르타르를 발라 완성했다.

어느 정도 사업이 안정되면 그 옆에 2층집을 지어 가족이 단란하게 살 예정이었다고 한다. 그러나 아버지는 1년 후 어느 비 오는 날 교통사고로 갑자기 세상을 떠났다. 사업은 흐지부지되었고 사료를 만들던 그 건물은 그냥 동네 사람들이 농기구나 이런저런 짐들을 모아놓는 창고로 20여 년을 보내게 되었다. 그동안 많이 낡고 벽 여기저기에 크고 작은 구

+
'언포게터블'은
인생의 새로운 출발을 앞둔
젊은 부부의 사랑과 생활을 담은 집이자,
아버지가 꿈꾸던 2층집이다.

멍이 뚫리고, 옥상에는 비가 오면 물이 나가지 못하고 고여 있다가 창고 안으로 흘러내렸다.

예산은 창고의 3분의 1 정도만 고칠 수 있는 정도로 준비되어 있었다. 일단 집 안에 집을 넣는다는 개념에서 출발했는데, 높은 층고 덕에 두 층이 가능하므로 1층은 주방과 식당, 거실과 벽 뒤로 숨겨져 있는 작은 서재로 구성하고 2층은 가족실과 욕실, 드레스룸을 갖춘 침실로 구성하기로 했다.

집 속의 집은 철골로 내부의 뼈대를 짜고 합판과 집성목, 일부 석고보드로 마감을 했다. 벽을 새로 만들면서 그 사이에 단열재를 넣었고, 벽을 오려내고 창을 달면서 최대한 바람이 들락거리는 틈이 없도록 기밀성이 좋은 창호를 달았다. 1층의 두 벽은 합판과 조명을 응용한 마감으로 목재의 따뜻함을 느끼도록 했고 그 밖에는 흰색으로 도배와 칠을 했다. 그리고 바닥은 흰색의 타일을 덮어 화사하고 밝은 공간으로 만들었다.

다만, 집의 덩치가 커서 예산에 맞춰 집을 짓다 보니 외관의 거친 콘크리트 벽에 손을 댈 여유가 없었다. 그래서 우리라도 가서 벽화를 그려주겠노라 큰소리를 치고 한참을 끙

ⓒ 박영채

끙 앓았다. 무엇을 그리지, 무엇으로 그리지, 어떻게 그리지 하는 고민 끝에 최대한 단순하게 가기로 했다. 여러 명이 그릴 수 있는 도안을 하자는 생각으로 바코드를 그리기로 했다. 그 바코드는 나무가 되고 숲이 되는데, 그 바코드로 읽히는 정보는 가족의 사랑을 상징한다는 설정으로 벽화의 도안을 완성했다.

외관(?)을 마무리하기 위해 사무실 전체 인원이 승합차에 타고 달려가 1박 2일 동안 벽에 매달려 벽화를 그렸다. 벽화를 보기야 많이 보았지만 그려보기는커녕 낙서조차 제대로 해본 적이 없는 우리가 갑자기 벽화를 그리는 것이 쉽지 않은 일이었다. 그러나 여러 명이 매달려 줄을 긋고 밑그림을 그리고 색을 칠하며 꽤나 노동의 즐거움을 만끽했다. 옥상으로 가는 외부 계단이 있는 벽에는 박수근의 스케치를 모델 삼아 집과 가족의 따뜻함을 상징하는 그림을 크레용으로 그렸다.

그 전날 비가 거세게 퍼부으며 대지에 남은 여러 가지 앙금을 다 흘려보냈는지 날씨는 아주 맑디맑았고 공기는 신선했다. 지천에 깔린 이삭을 듬뿍 달고 서 있는 벼들이 황금

빛으로 찬란하게 색을 바꾼 채 뜬금없이 몰려온 이방인들을 마뜩지 않은 표정으로 쳐다보고 있었다.

사방으로 온통 논과 밭인 들판에 우뚝 솟은 우리의 창고가 드디어 20년 만에 사람을 담는 창고로, 아니 인생의 새로운 출발을 앞둔 젊은 부부의 사랑과 생활을 담는 창고로 거듭나는 마지막 순간이었다. '언포게터블'은 노래 〈언포게터블 Unforgettable〉처럼 아버지가 만들어놓은 달팽이 집 같은 포근한 껍질 속에 딸이 화음을 곁들이며 아버지가 꿈꾸던 2층집을 집어넣은 집이다. 그렇게 삶과 집이 다시 이어졌다.

고요히 머물며 온기를 나누는 집

적이재

◻
_____

'온도'는 따뜻함의 정도를 나타낸다. 한겨울 이리저리 돌아다니다 집에 돌아와 현관문을 열면 입김처럼 훅 불어오는 온기가 가장 먼저 우리를 맞이한다. 아파트라면 좋은 난방 시스템이 알아서 온도를 맞춰주고, 일반 주택도 미리 보일러를 설정해두면 대부분 바깥보다 훨씬 포근하고 안온해서 집에 돌아왔음을 그 온기로 실감한다.

예전에 살던 집들은 무척 추웠다. 바닥에 뜨끈한 온돌

이 있기는 했지만, 골고루 다 데워주는 것이 아니라 아랫목만 데워주었다. 칼바람이 숭숭 들어오는 창틈과 문틈, 단열이 되지 않는 얇은 벽은 추위를 제대로 막아내지 못했고, 늘 겨울은 춥게 사는 게 당연한 것이라 생각했다. 머리맡에 떠놓은 스테인리스 대접의 자리끼는 밤새 꽁꽁 얼어붙었고, 안방을 가기 위해 마루를 건널 때는 발바닥이 얼어붙는 듯해서 발뒤꿈치로 쿵쿵거리며 뛰어넘어가야 했다.

춥게 집에 있다 친구들과 놀기 위해 집을 나서면 바람은 매서워도 집 안보다 오히려 덜 추운 것 같았고, 양지바른 동네 한가운데로 들어서면 집보다 훨씬 따뜻했다. 해가 잘 드는 남향받이 하얀 담 앞에는 벌써 친구들이 모여서 온몸으로 햇살을 가득 받은 채 이를 드러내며 웃고 있었다. 나도 그 사이에 끼어서 벽에 등을 기대고 섰다.

햇볕에 데워진 온기가 온몸으로 전해지고 추위는 이미 어디론가 멀리 넘어가버렸다. 오후 긴 시간 햇볕이 데운 그 벽이 주었던 온기는 보일러나 온풍기가 불어주는 따뜻함과는 질적으로 다르다. 겨울이 되면 그리워지는 그런 온기는 건축을 하며 늘 책상머리에 두고 보는 일종의 좌표 같은 것이다.

　우리나라에서 매우 아름다운 길 중 하나라는 경남 하동의 십리벚꽃길은 화개장터에서 시작해 쌍계사까지 벚꽃이 터널을 만들며 이어지는 풍경이 가슴을 두근거리게 만든다. 하지만, 정작 벚꽃이 피는 봄이면 그 근처로 들어가기도 힘들 정도로 사람들이 몰린다.

　벚꽃이 길을 다 덮고 피어 있는 모습은 거대한 용이 꾸룩거리며 벚꽃을 토해내는 것처럼 보인다. 한번은 그 많은 인파에 끼어 들어 벚꽃 터널 안으로 들어간 적이 있는데, 바람에 작은 꽃잎들이 날리는 중이었다. 연분홍이 하늘을 온통 뒤덮고 바닥에 깔려 있는 모습을 보며 몽환적이라는 표현은 이럴 때 쓰는 것이겠다는 생각이 들었다. 벚꽃이 만발해 있을 때는 그렇게 사람들이 몰리지만, 벚꽃이 지고 나면 "내 한 해는 다 가고 말아 삼백예순 날 하냥 섭섭해 우옵네다"(김영랑, 「모란이 피기까지는」) 정도는 아니지만 아주 한적한 장소로 바뀐다.

　그 길이 훤히 내려다보이는 언덕에 집을 한 채 지었다. 한철 벚꽃도 아름답지만 둘러싼 산의 연봉連峯이 시원하고

ⓒ 박영채

아름다운 이 집의 이름은 적이재寂而齋다. 적이재라는 이름은 『화엄경』에서 따온 것인데 '고요히 머무르며 우러른다'는 뜻이다. 집의 이름처럼 정년을 맞이한 가장이 서울 살림을 거두고 아내의 고향인 하동으로 내려가서 고요히 머물게 된 집이다.

집터는 지리산 한가운데에 산과 산이 마주 대하고 있는 사이로 섬진강으로 들어가는 물길이 유장하게 흐르는 한중간이다. 건축주는 노모를 모시고 사는 60대 부부이고 자녀들은 분가를 해서 종종 찾아온다. 아내의 고향인 동네라 처가 일가와 친구들이 튼튼히 뿌리를 내리고 있어 낯선 곳에서 은퇴 이후를 준비하는 경우와는 달리 새로 집을 짓는 데 사뭇 여유가 있었다.

부부는 오랫동안 도시의 거의 같은 형식의 아파트에서 별다르게 신경 쓰는 일 없이 편하게 살아왔다. 그런데 집을 짓기로 마음먹은 후 어린 시절 살았던 전형적인 시골 농촌마을의 마루가 있고 텃밭과 넓은 마당이 있는 집을 그리게 되었다. 자연스레 집의 외관은 우리나라 민가 혹은 한옥을 모티브로 하게 되었고, 예산의 한계로 인해 구조는 가장 일반

+

'적이재'는 어린 시절 살았던
시골 농촌마을의 마루가 있고,
텃밭과 넓은 마당이 있는 집을
떠올리게 한다.

적인 경골목구조 방식을 택하기로 했다.

각종 수집품과 오랜 살림들이 한정된 규모의 집 안에 적절히 수납되도록 하고, 늦은 공부를 시작한 아내의 공부방을 어머니방 가까이 두었다. 2층은 '인연의 방'으로 정해 비워두고 친척이나 자녀가 편하게 이용할 수 있는 게스트하우스 같은 개념으로 독립시키겠다고 했다.

그리고 나서는 집 안을 어떻게 꾸밀까 하는 궁리보다 울타리 나무로 남천, 사철나무, 화살나무, 홍가시나무 등 무엇을 심을지, 축대는 어떤 모양으로 쌓을지, 텃밭과 저장고는 어디로 할지, 감나무와 밤나무를 어떻게 보살필지가 집 짓는 내내 더 큰 관심사였다. 어떻게 보면 그것이 올바른 방향이라는 생각이 들었다. 집은 결국 땅과의 관계에서 출발한다는 것을 우리는 너무나 쉽게 잊어버린다. 생경한 구조물을 떡하니 던져놓고 집을 다 지었다고 하는데 실은 그때부터가 시작인 것이다.

집의 온도는 무엇이고, 삶의 온도는 무엇일까? 일을 마치고 집으로 돌아갈 때 멀리서부터 우리를 맞이하던 밥 짓는 연기처럼, 어머니가 끓이는 된장국 냄새처럼, 가꾸지 않아도 편안한 마당처럼, 가족들이 아랫목에 발을 맞대고 하릴없이 떠드는 말의 온기처럼, 일부러 애쓰지 않아도 교감할 수 있는 그런 것이 모여 만들어내는 것이 아닌가 싶다.

"사람들 사이에 섬이 있다. 그 섬에 가고 싶다." 시인 정현종은 이렇게 이야기했다. 사람과 사람은 하나 더하기 하나는 둘이 아니라 둘 이상의 또 다른 세계를 연다. 서로에 대한 믿음과 현실에 대한 긍정이 깔려 있을 때 그런 '교감'이 이루어진다고 생각한다.

반석 위에 지은 집

도무스 페트라

△
―――――――――

 전북 진안에 있는 데미샘에서 시작해 남원과 곡성을 지나 구례로 접어드는 섬진강이 길었던 여정을 마치고 광양만에서 바다와 합쳐진다. 그 끄트머리에 바위가 사방에 질펀하게 깔린 동네가 나온다. 봄을 알리는 산수유가 유명한 곳이고 지리산의 순한 능선과 비단결 같은 섬진강이 아주 잘 보이는 곳이다. 오래된 집들이 가득한 동네를 끼고 올라가면 매실나무와 감나무 같은 과일나무가 언덕과 계곡 틈새마다 빼곡하다.

이곳에 지은 '반석 위의 집' 주인은 독실한 가톨릭 신도다. 예수는 갈대라는 뜻의 이름을 가진 시몬에게 바위를 뜻하는 베드로(페트루스Petrus)라는 이름을 지어주며, 그 바위 위에 단단한 교회를 세울 것이라고 이야기한다.

'반석 위에 나의 집을 세우리라.' 베드로는 그 뜻대로 몇 천 년을 버티는 단단한 종교의 기반을 만들었다. '반석 위의 집(도무스 페트라Domus Petra).' 우리는 단단한 바위 위에 집을 지었다. 아니 바위를 피해서 집을 앉혔다. 처음 땅에 갔을 때, 풀을 헤치고 산길로 들어서니 바위들이 무성한 풀과 매실나무 아래서 잠복하고 있는 군인들처럼 눈을 번뜩이며 우리를 보고 있었다. 그곳으로 들어갈수록 바위는 점점 그 숫자가 늘어나서, 세는 것을 포기해야 할 정도로 많았다. 오랜 시간 땅을 딛고 서 있는 고인돌이나 선돌처럼 늠름한 바위부터 바다에서 뒹구는 작은 돌멩이들도 있었다.

우리는 바위들 사이로 보이는 산의 흐름을 헤아려보고 강의 흐름을 느껴보았다. 모든 것들은 오랜 시간 바람과 비와 눈을 맞으며 자리를 잡고 있었고, 아주 강력한 접착제로 고정한 듯 단단히 엮여 있었다. 그 틈을 비집고 사람이 앉거나 누울 곳을 찾아보았다. 집을 앉힐 자리 아래로 축사의 지붕이 살짝 보였고 멀리 동네의 집들이 보였다. 인간의 세상에서 벗어나 지리산과 섬진강만 보면 된다고 말하는 것 같았다.

이 집의 주인은 섬진강 주변이 좋아서 산수유가 제일 먼저 피는 동네로 찾아왔다. 산수유는 참 묘한 나무다. 봄을 알리는 꽃이 스프레이로 뿌려놓은 물방울처럼 연한 노란색의 작고 동그란 가루가 나뭇가지 끄트머리에 살짝 묻은 것처럼 피어난다. "아, 봄이구나." 산수유가 신호탄을 쏘아 올리면 다른 꽃들이 각성하고 행동을 개시하듯, 진격 명령을 받은 군인들처럼 일제히 함성을 내지르며 사방에서 피어난다. 그리고 개나리, 진달래, 벚꽃, 목련 등 내가 이름을 아는 꽃부터 내가 이름을 모르는 모든 나무까지 몸에 잠겨 있는 화려한 색들을 뽑아낸다.

땅에 잠겨 있는 아름다운 색을 뽑아내는 것이 건축이다. 이 땅에 잠겨 있는 화려한 색은 어떤 색일까? 검은색과 갈색이 섞여 있는 바위의 색과 생생한 풀들과 그 상반된 색들을 감싸주는 산의 부드러운 색들 사이에서 어떤 색을 칠해야 할지 고민이 시작되었다.

부부가 시원한 경치를 보고 매실나무를 가꾸는 새로운 삶을 담는 집이자, 오랜 도시의 생활과 사업이 이어질 공간이며, 자녀나 손님들이 찾아오면 머무를 공간도 필요했다. 부부는 동네에 익숙해지기 위해 1년 전부터 미리 마을에 들어와 동네 사람들과 어울리며 자신들이 원하는 공간을 오래 생각했다고 한다.

설계를 시작하며 일단 바위를 세어보았다. 땅을 그리고 항공사진을 깔고 그 안에 얼핏 보이는 바위들을 표시했다. 큰 바위들 이외에도 그 안에는 훨씬 많은 바위가 있었다. 땅의 모양은 뿔과 귀가 달린 생명체 같았고, 그 안으로 들어가는 길은 식도처럼 길게 이어진다. 안쪽에 숨겨진 공터와 적당한 높낮이를 가진 땅, 그 경계마다 피어난 바위와 공존하는 자리를 고민했다.

집의 구조는 도로 사정과 공사의 난이도를 고려해 경량 목구조를 선택했다. 처음에는 섬진강 쪽으로 길게 뻗은 일자 집의 모양이 되었다. 두 개의 탑처럼 우뚝 솟아 있는 바위 위에 집을 앉히고 1층에는 공적인 공간을, 2층에는 침실 등 사적인 공간을 담았다. 일직선이었던 평면의 형태는 바위와 전

ⓒ 박영채

망을 고려하며 살짝 꺾였지만 처음에 만들었던 공간은 큰 변화 없이 그대로 진행되었다. 땅에 그득한 매실나무를 가꾸는 작업을 고려해 일하다가 중간에 집으로 접근하거나 잠시 쉴 수 있는 마루가 집 주변에 붙고, 2층에는 가족실 같은 휴식 공간을 집어넣었다.

이 집은 두 개의 정면을 가지고 있다. 진입로에서 집으로 들어가는 방향의 정면과 섬진강과 지리산을 향한 방향의 정면, 각각의 정면에 박공 형태의 입면을 구성했다. 그리고 집을 바위 위로 둥실 띄우고 데크를 설치해 지리산 쪽으로 향하는 모양으로 지었다.

설계를 하며 반년이 지나갔고 봄이 되며 공사를 시작했다. 처음부터 남겨두었던 거대한 두 개의 바위 틈으로 계단과 데크로 이어지고, 집 앞에서 돌아서면 섬진강의 풍광이 담기는 경관을 생각했다. 그런데 공사가 시작되고 차량이 드나들기 위해 나무를 베고 바위를 치우다 보니, 대문이자 관문으로 생각했던 바위가 생각보다 뿌리가 얕았다며 밀려나 버렸다. 막상 공사를 시작하면 계획과 달리 현장의 여건에 따라 변화가 생기는 것을 막을 수 없는데, 너무나도 안타까

+
'도무스 페트라'는 진입로에서
집으로 들어가는 방향의 정면과
섬진강과 지리산을 향한 방향의 정면을
가지고 있다.

운 일이다. 내부의 설계는 거의 그대로 지켜졌으나 땅과 만나는 부분, 남겨야 할 나무와 바위들이 생각보다 많이 사라졌다.

거실을 두 개 층이 뚫린 시원한 높이로 한 것은 아파트에서는 느낄 수 없는 시원한 공간감과 사방으로 열리는 전망을 위한 것이다. 주인은 2층 침실에서 내려와 집 주변으로 만들어진 산책로를 돌고, 남겨둔 나무들을 돌보며 오랫동안 경험했던 도시의 집에서는 얻을 수 없었던 마음의 평온을 얻는다고 한다.

강 건너편에서 보아도 이 집의 불빛이 잘 보인다. 여행자들이 긴 여정의 끝에서 어둠 속에서 반짝이는 불빛을 보며 길을 찾아가듯, '반석 위의 집'에서 주인도 평온한 휴식의 시간을 얻기를 바란다.

각각 원하는 대로 지은 집

어사재

◁

_____

원주는 조선 초기 강릉과 원주의 첫 글자를 따서 '강원도'라는 지명이 만들어졌을 정도로, 옛날부터 강원도에서 가장 번성했던 도시다. 서울에서 1시간 30분 정도면 도착하는 수도권에 가까운 도시인데도, 막연하게 먼 곳이라고 생각하고 있었다. 어릴 적 가족과 함께 기차를 타고 오갔던 기억 때문인 것 같다. 지금은 전국 어디든 KTX로 3시간 내외면 닿을 수 있게 되었지만, 예전에는 새마을호, 무궁화호, 비둘기호 등

기차 종류에 따라 여정의 시차가 많았다. 서울에서 원주까지 다니려면 8시간 정도 걸려서, 간식도 이것저것 먹고 잠도 자며 종일 기차를 탔던 기억이 있다. 모든 역마다 정차하던 그 기차는 아마도 비둘기호였을 것이다.

유서 깊은 도시이니만큼 유적도 많고 자연도 아름다운 원주에서도 치악산 남쪽, 신이 사는 숲이라는 이름을 가진 동네에 어떤 부부가 집을 짓기로 하고 찾아왔다. 그들은 각자 다른 도시의 직장을 다니느라 오랫동안 주말부부로 지내오던 터였나. 은퇴를 앞두고 어디서 살 것인지 오래 고민하며 여러 지역을 알아보던 중, 원주 신림神林에 지인들과 함께 땅을 마련했다. 오래 자란 가문비나무숲과 밭이 있는 지형의 흐름을 건드리지 않고 되도록 땅 모양대로 예전 우리나라의 마을처럼 자연스럽게 하나씩 각자의 집을 지어나갈 예정이라고 했다. 공동체가 구성되면 이후 활용할 공간들도 차차 만들어갈 계획이었다.

먼저 총대를 맨 건축주 부부의 남편이 이곳에 정착할 예정이었다. 그가 집을 지어 가꾸며 머물다 보면, 서울에 직장이 있는 아내가 주말마다 다니다 퇴직 후 합류하게 된다. 사이는 좋지만 평생 떨어져 있던 시간이 많았던 부부와 설계 과정에서 이야기를 나누다 보니, 집에 대한 각자의 취향이 확연하게 다르다는 것을 점점 알게 되었다.

일반적으로 주로 집에 머물며 관리하는 사람은 아내 쪽인 경우가 많다. 그래서 아내의 의견을 존중하는 방향으로 기우는 경우가 많은데, 이 집은 남편이 먼저 집에서 생활을 시작할 예정이므로 다르게 접근할 수밖에 없었다. 그리고 이 부부는 평생 서로의 입장을 존중하고 독립적인 생활을 해왔던 터라, 다행히 의견을 조율하는 데 큰 어려움은 없었다. 우리는 부인채와 남편채를 아예 따로 만들자는 아이디어를 냈다.

부인채와 남편채, 혹은 안채와 사랑채, 이런 식으로 가족 구성원 각각의 거주 공간을 나누어 짓는 것은 우리 주거 형태의 오랜 방식이기도 한데 지금은 조금 낯설다. 채를 나누면 당장 비가 오거나 눈이 오면 우산을 들고 오갈 것인가 통로를 이어줄 것인가부터, 화장실이며 부엌, 보일러실 등의 기능도 두 개로 나누면 관리하기에 너무 복잡하지 않은가 하는 현실적인 걱정이 따랐다.

그러나 결정적으로 집의 외관에 대한 부부의 기호가 확

ⓒ 박영채

실하게 달랐다. 단순하고 현대식 외관을 좋아하는 남편의 기호와 누마루가 달린 한옥 분위기의 공간을 선호하는 아내의 의견이 서로 충돌했다. 100제곱미터(약 30평) 정도 되는 집을 두 채로 나누어 상반된 양식으로 지을 때의 조화에 대한 걱정이 없지는 않았지만, 건축주에게도 우리에게도 새로운 도전이라는 의미가 있다 보니 결국 "각각 따로 지어봅시다"고 의견이 모아졌다.

남편채는 단정한 하얀 벽과 징크 지붕의 단순한 형태로, 부인채는 목재 외벽에 처마를 내고 누마루가 시원하게 나온 고즈넉한 외관을 가진 형태로, 얼핏 보면 각각 다른 집처럼 보인다. 진입로를 돌아 들어가면 남편채가 먼저 나타나고, 마당 뒤로 물러나 반 층 정도 높은 위치에 부인채가 앉아 있다. 기존 대지의 높이 차이를 그대로 살렸기 때문에, 부인채에서 남편채의 뒤편으로 난 다락문으로 계단을 통해 쉽게 들어갈 수 있다.

옛집에는 안채에 부엌이 딸려 있었지만, 이 집에서는 남편이 먼저 살림을 시작하게 된다. 그리고 남편은 이왕이면 제대로 요리도 하고 막걸리도 담가볼 수 있도록 큼지막한 주

+
'어사재'는 현대식 외관의 남편채와
한옥 분위기의 부인채로
각각 따로 지어 얼핏 보면
다른 집처럼 보인다.

방을 원했다. 그래서 주방과 거실도 남편채가 훨씬 넓고 자녀나 손님을 재워주기 위한 다락방도 남편채에 두기로 했다.

아내는 집에서 주로 독서와 휴식을 할 계획이라, 조리 공간은 최소화하고 거실 대신 집에서 가장 경관이 좋은 자리에 세 방향으로 활짝 열리는 누마루를 달았다. 그렇게 집의 중심이 된 누마루가 올라탄 언덕 위에서 내려다보는 전망은 시원하기 그지없다. 누마루에 앉으면 밖으로 원래부터 이 땅의 주인이었던 가문비나무가 줄지어 서서 사방의 바람을 막아주어 아늑한 풍경을 만든다. 지은 지 몇 년이 지나 얼마 전, 아내도 "어사재에 정착해 잘살고 있습니다"라며 소식을 전해왔다.

어사재於斯齋라는 집의 이름은 '지금 여기서', 내가 가지고 있고 내가 머물고 있는 곳의 가치를 알고 지키는 삶에 대해 생각하고 지키는 집이 되기를 바라는 마음에서 붙인 이름이다. 우리가 가장 좋아하는 글귀이기도 하다. 본래 다산茶山 정약용丁若鏞, 1762~1836이 『여유당전서』에 쓴 「어사재기」라고, 이민수李民秀라는 분의 서재에 대해 쓴 글과 집의 이름에서 따왔다.

"자신에게 있지 않은 물건을 바라보고 가리키면서 '저것彼'이라고 말하고, 자신에게 있는 것을 깨닫고 굽어보면서 '이것斯'이라고 말한다. '이것'은 내가 이미 내 몸에 지닌 것이다.……진晉 문자文子라는 이가 집을 완성하자 장로張老가 그에게 축원하면서 '이곳에서 노래하고, 이곳에서 곡하라歌於斯 哭於斯'고 했으니, 여기서 '사斯'란 자신에게 만족하여 남에게 바라지 않는 것이다. 그러므로 군자가 이것을 훌륭하게 생각했다."

가족과의 유대가 끈끈한 집

산조의 집

△

'산조의 집'의 개념은 일요일에서 나왔다. 건축주를 매주 일요일에 만나 일을 진행하면서, 나는 집이 일요일 오후에 듣는 음악처럼 편안하고 여유롭게 지어지기를 바랐다. 이 집이 들어선 전남 광주는 한국에서 다섯 번째로 큰 도시로, '빛고을光州'이라는 의미를 가지고 있으며 '광주 비엔날레'를 개최하는 예술의 도시이기도 하다. 이 집의 건축주는 '가족'을 주제로 한 현대미술로 유명한 70대의 화가다.

서울에서 300킬로미터 떨어진 광주에서 협의를 하기 위해, 나는 일요일 아침마다 고속버스를 탔다. 점심 무렵 광주에 도착하면 무등산을 꿰뚫고 들어가 한가운데에 있는 땅 위에서 노닐다가 광주 시내로 돌아와 회의를 했다. 조선대학교 근처의 카페에서 아메리카노를 마시며 건축주와 그 지인들, 도사 같은 은퇴한 두 교수와 은퇴 직전인 한 교수의 천진난만한 의견을 경청하고, 다시 터미널로 이동해서 고속버스를 타고 돌아왔다.

고속버스를 탈 때마다 나는 제일 앞자리에 앉아서 3시간 동안 한국의 전통음악인 '가야금 산조'를 듣기도 했다. 산조散調란 '흐트러진 가락'이라는 의미를 가지고 있는, 19세기가 거의 저물어갈 무렵 이 땅에서 솟아오른 새로운 음악의 형식이다.

그때는 500년가량 지속되던 조선왕조가 기울어가는 시기였고, 신분제가 무너지고 봉건사회의 질서를 대신할 새로운 시대에 대한 열망이 솟구치던 시절이었다. 즉, 산조는 음악을 만들고 즐기는 민중의 사회의식이 강하게 반영된, 시대가 고스란히 투영된 무척 건강한 음악 형식이다. 기존의 전통음악이 주로 의식이나 의례를 위한 음악으로서 관념적이고 감성보다는 목적에 충실했다면, 산조는 인간의 감정이나 생각 등이 음악의 내용으로 들어가 작가의 주관적인 해석과 느낌을 중시한다.

산조의 가락이 문을 열듯 천천히 시작해 조금씩 빨라지다가 어느 정도 들을 만해질 때면 나는 잠이 든다. 그 소리들은 보고 온 땅에 대한, 그 위에 지어질 건축에 대한 생각과 함께 꿈결처럼 어우러지고, 서울에 도착할 때쯤이면 여유롭고 유장하게 마무리되며 나를 잠에서 깨운다. 집 또한 '산조'처럼 단순함 속에 입체적인 변화가 담긴, 들어가고 들어가도 끊이지 않는 흐름이 있는 공간으로 만들어야겠다고 생각했다.

무등산은 묘하게 편안한 산이다. 대지 안에서 주변을 둘러보면, 사방의 산들이 발성 연습 하듯 나란히 어깨를 포개고 서 있다. 그리고 약간의 흙과 잡초 아래는 온통 바위투성이로, 번들거리는 바위가 아주 느긋하게 누워 있다. 무등산 특유의 각이 지고 색이 검은 바위들은 들고나는 사람들을 짐짓 무심하게 쳐다보고 있었다.

그리고 양옆으로 물이 가늘게 흐르다가 만나고 있었는데, 대지의 위치가 전체적인 무등산의 영역에서 어디쯤인지는 모르겠지만, 예전에 지리산 한복판 실상사에 갔을 때의 느낌과 비슷했다. 다만 그 규모만 조금 차이가 났다. 땅의 한복판에는 오래된 살구나무가 한 그루 있었고, 서쪽으로 화가가 그토록 좋아한다는, 줄을 지어 걸어가고 있는 듯한 여덟 개의 연봉이 보였다. 서쪽 벌판에는 오크의 용사들처럼 웅성거리고 있는 무수한 백일홍도 있었다.

젊은 시절에 이 땅을 구한 화가는 틈나는 대로 이곳에 와서 산조를 듣듯 땅의 서쪽에 있는 연봉을 바라보았고, 30여 년 만에 새로 집을 지을 결심을 하게 되었다. 50제곱미터(약 15평) 크기의 아주 작은 집을 짓는 데 무척 오랜 시간이 걸린 셈이고, 그 과정도 지난했다.

이 집의 중요한 프로그램은 그림을 그리는 일과 서쪽에서 걸어가는 산을 보는 일, 화가의 아내와 아들과 딸과 손자 등 그 집으로 놀러 와서 즐기게 될 가족을 흐뭇하게 바라보는 일, 오랫동안 이 땅을 지키고 있는 훤칠한 살구나무를 보는 일, 집을 지을 땅 옆으로 벌려져 있는 땅에 솟은 커다란

+
'산조의 집'은
무등산 한가운데
듬성듬성 버티고 선 돌들처럼
원래 있었던 바위처럼 다부지게 서 있다.

바위에 올라가서 주위를 보는 일이다.

그림을 그리는 능동적인 일 외에는 모든 활동이 수동적이다. 주로 '보는 일'이 이 집을 이루는 프로그램의 전부다. 그래서 작업을 위한 스튜디오 겸 거실과 침실, 그 사이를 연결하는 외부 데크와 주방으로 이루어진 아주 간단한 평면이 그대로 집의 덩어리가 되었다.

이 집의 메인 뷰는 당연히 서쪽에 아기자기하게 도란도란 걸어가는 여덟 개의 연봉이다. 처음에 나는 습관적으로 오후의 햇빛을 피하고자 서측의 창을 줄이고 남측으로 크게 창을 냈다가, 서쪽 풍경을 가장 좋아하는 건축주가 절대 안 된다고 해서 서쪽으로 자신 있게 창을 냈다.

집의 내부는 좁지만 외부에 여기저기 주머니 같은 데크들을 달아서 내부와 연결된 다양한 용도로 사용하게 했다. 늙었지만 기골은 아주 장대한 서쪽 주 출입구의 살구나무 한 그루와 알베르토 자코메티 Alberto Giacometti, 1901~1966 의 조각상을 연상시키는 동쪽 구석의 석류나무가 서로 바라보도록 진입 공간의 축을 잡았다. 그래서 들어가고 나올 때마다 두 개의 음계가 만나듯 두 나무가 마주 보이는 풍경 속으로 끼

231

ⓒ 박영채

어들도록 했다.

마당에 솟아오른 바위는 아래에 거대한 암석의 꼬리 부분이라고 보고, 집은 반석 위에 지은 집이 되겠다고 생각했다. 공사 중에도 땅에서 걷어낸 돌이 많았는데, 무등산에서 나온 돌은 하나도 외부에 반출되면 안 된다고 해서 건축주와 함께 한참 고민을 했다. 결국 큰 소나무를 가져와 배경으로 삼고 주인인 화가가 화폭에 그림을 그리듯 바위들을 직접 여기저기 배치해놓았다.

결국 산언저리의 바위 조각이 사방에 흩뿌려진 언덕에 아주 자그마한 집을 앉힌 것이 전부다. 유년 시절의 어려움을 딛고 성공한 화가인 건축주는, 가족과 주변 사람들과의 끈끈한 유대를 가장 중요하게 생각하는 분이다. 그래서인지 보기만 해도 기분이 좋아지는 땅, 무등산 한가운데 듬성듬성 땅에 버티고 선 돌들은 장성한 자식들 같다. '산조의 집'도 그 단단한 땅에 정박하듯, 혹은 원래 있었던 바위처럼 다부지게 서 있다.

가장 따뜻하고 포근한 집

층층나무집

자랑할 만한 것인지는 모르겠지만, 나는 한국에 존재하는 거의 모든 형태의 집에서 살아보았다. 이렇게 이야기하고 보니 한곳에 머물지 못하고 늘 떠돌아다닌 삶의 궤적이 들키는 것 같아 조금 머쓱하다. 하지만 집을 그리고 짓는 것을 직업으로 가진 사람으로서 이런 경험은 많은 도움이 된다고 애써 위로해본다. 또 간혹 기회가 되면 그 경험들을 화려한 포트폴리오처럼 펼쳐놓고 꽤 아는 척을 하기도 한다.

집에 대해서 잘 모르는 사람은 없지만, 또한 제대로 아는 사람도 많지 않다. 설계를 시작할 때 길잡이 역할을 해준 한 선배는 "건축의 시작도 집이고 끝도 집"이라고 이야기한 적이 있다. 집을 제대로 설계할 수 있다면 다른 용도의 건물 설계도 다 잘할 수 있다는 말이었다. 선배의 이야기를 듣고 처음으로 설계라는 것을 하면서 나는 '집이란 무엇일까?' 하고 생각했다.

그렇게 집을 그려보고, 옆에서 집을 짓는 것을 보기도 하고, 또 참견도 하면서 꽤 많은 세월이 흘렀다. 이러한 과정에서 알게 된 것은 우리가 집에 대해 대단한 착각과 무한한 기대를 안고 산다는 것이다. 일테면 과거의 집은 모두 아름다웠고 앞으로 내가 지을 집은 정말로 훌륭한 집이 될 것이다. 그래서 사람들은 괴롭다. 현실의 집은 늘 과거의 집보다 삭막하고 미래의 집보다도 훨씬 '후지기' 때문이다.

집을 짓고자 하는 사람들의 마음 역시 늘 비슷하다. 그 사이에서 집을 그리는 건축가는 곤혹스러워진다. 사람들의 머릿속에서 일어나는 이런 커다란 공백을 건축가가 무슨 수로 메울 수 있을까? 한번은 버스를 타고 한남대교 한가운데

쯤 들어설 때 이태원 언덕 위로 집들이 빼곡히 들어차 있는 풍경을 보았다. 늘 보던 풍경이었지만 그날따라 낯설게 다가왔고 수많은 질문이 이어졌다. 산등성이를 껍질처럼 뒤덮고 있는 저 집들은 과연 누가 지은 것이고, 저 집들은 과연 누구의 생각으로 지어낸 것일까? 저 안에는 과연 어떤 사람들과 어떤 인생이 들어가 있을까?

나는 집을 설계하면서 내내 생각을 한다. 과연 내가 짓는 집이 맞는 집일까? 그들은 이 집에서 행복할까? 그들이 원하는 것을 제대로 읽기는 한 것일까? 해답이 없는 문제집을 풀듯, 문제를 풀기만 할 뿐 절대 답을 확신할 수 없는 상황에 부닥친 수험생처럼 한없는 의문과 불안 속에서 헤어나오지 못한다.

몇 년 전 경남 거창 외곽에 집을 한 채 설계하고 짓는 과정을 쭉 지켜보았다. 늦여름부터 시작된 이 작업은 60대에 접어든 부부가 80대 부모를 모시고 살아갈 집이었다. 부부는 '좋은 대학'을 다니다가 낮은 곳을 위해 헌신하고 투쟁하며 사느라 가시밭길을 걷고 자갈밭 위에서 이슬을 맞으며 잠을 자던 사람들이었다. 부모는 그런 자식을 걱정했고 자식은 부

+
'층층나무집'은
60대에 접어든 부부가
80대 부모를 모시고 살아갈,
세상에서 가장 따뜻하고 포근한 집이다.

모가 마음에 걸려 편하지 않았다고 한다. 이제는 다 내려놓고 고향에서 조금 떨어진 곳에 언덕을 하나 얻어 집을 짓기로 했다. 그 집은 단순한 집이 아니라 가족을 다시 모이게 하는 의미 있는 공간인 셈이다. 어떤 인연이 나의 등을 슬그머니 밀었는지 모르겠지만 그 일을 맡게 되었다.

거창과 김천 사이에 있는 이 작은 언덕은 예전엔 밭이었다. 여러 가지 작물이 그 밭에서 자랐고, 밭 아래로는 작은 저수지가 앞산과 뒷산을 모두 담고 있었다. 그 옆으로 층층나무라는, 가지런히 잘라놓은 머리카락처럼 층을 만들며 자라는 나무와 맑은 물이 퐁퐁 솟아오르는 샘이 있었다. 부부가 평생 타인을 위해 살아온 탓에 많은 돈을 모으지 못했으니 소박한 집을 지어야 했는데, 삼대가 사는 집이다 보니 작게 지을 수는 없는 상황이었다. 무엇보다도 이 집은 장년과 노년이 새롭게 시작하는 삶을 담을 수 있어야 했다.

층층나무가 있는 샘 옆으로는 주방과 부엌을 놓아 안주인이 늘 바라보게 했고, 동네가 내려다보이는 입구 쪽으로는 노부모가 앉는 거실을 놓았다. 부모님의 공간과 분리해달라는 아내의 요구 때문이었는데, 가족 간에 적당한 거리를 두어

ⓒ 박영채

야 한다는 것이 내가 늘 주장하는 바이기도 했지만 이분들의 이유는 조금 달랐다. 서로 미안해하기 때문이었다.

부모님은 평생 고생한 며느리에게 미안한 마음에 며느리가 부엌에서 일하면 혹여나 신경 쓰일까봐 방에서 나오지 않으신다는 것이다. 그래서 며느리는 부모님이 거실에서 마음대로 텔레비전을 보실 수 있도록 공간을 떨어뜨려 달라는 이야기였다. 이들에게 집이란 그냥 지붕과 벽으로 이루어진 테두리가 아니라, 서로의 생을 존중해주고 밖으로 튕겨 나가지 않게 묶어주는 부드럽고 느슨한 끈이라는 생각이 들었다.

집이란 물리적인 실체이기도 하지만 매우 추상적인 개념이기도 하다. 물리적인 실체에 대한 관념은 사람마다 각자 다른 이미지로 가지고 있지만, 추상적인 개념의 집이란 하나의 심상으로 존재한다고 생각한다. 그 심상은 바로 '따뜻함'이다. 집은 따뜻하고 포근하다. 그것은 오로지 가족이라는, 느슨하지만 절대 끊어지지 않을 것이라는 믿음의 끈이 있기 때문에 가능한 공통의 심상이다. 그래서 우리에게 집 외의 모든 공간은 '밖'이고, 집만이 유일한 세상 속의 '안'이다. 그렇다. 집이란 '안'이다. 우리를 덮어주고 우리를 데워주는 포근한 '안'인 것이다.

층층나무집은 주인들의 마음이 급해 봄까지 기다릴 수 없다 하여, 한겨울에 공사가 시작되었다. 눈과 한파를 이겨내며 공사가 진행되었고, 산수유가 피어나고 마른 가지에 연초록 어린 잎들이 달리기 시작할 무렵에 끝났다. 우리는 그들이 여태껏 살아온 삶, 지켜온 방향에 의해 지어진 집이자 동시에 앞으로 평생을 보낼 집이 완성되는 모습을 지켜보았다.

지금껏 만난 건축주들 가운데 가장 기뻐했던 건축주를 바라보며 내 마음도 층층나무집만큼이나 따뜻하고 포근했다. 그리고 내 손에는 너무나 뻔한 이야기라 의심하지도 않았던, '집이란 세상에서 가장 따뜻한 곳'이라는 말이 적혀진 정답지가 쥐어져 있었다.

도시의 천이를 준비하는 집

웃음 베이커리

△
‾‾‾‾‾‾‾‾‾‾‾‾‾‾‾‾‾‾‾‾‾‾‾‾‾

생물학에 '천이遷移'라는 개념이 있다. 천이는 어떤 지역에 식물들이 시간의 추이에 따라 변하며 안정되어가는 과정을 뜻한다. 한번은 경사진 구릉을 개간해 논농사를 지으려고 논으로 만들었던 땅을 정리한 적이 있다. 이 땅에 건물을 올리기 위해서다. 시간의 여유가 있어 일단 그대로 두고 그 땅을 관찰할 수 있었다. 다음 해 봄에 가보았더니 누군가 그곳에 씨를 뿌린 것처럼 가지런하게 어떤 식물들이 열을 지어 자라고 있었다. 누군가 파종하고 정리해놓은 것과 같았다. 그 풀들은 망초라는 한해살이풀들로, 어디선가 날아와 땅에 자리를 잡고 있었다.

한해살이풀이 가장 먼저 자라고 다음 해에는 여러해살이풀들이 그 자리를 빼앗는다. 그런 식으로 생태계는 변하게 된다. 결국은 양지성陽地性 수목을 거쳐 서어나무, 갈참나무, 오동나무들이 자리를 잡으며 숲이 완성된다. 그런 과정을 '숲의 천이'라고 하며 100~200년이 걸리는 것이 자연의 행보라고 한다.

도시 역시 그렇다. 살아 있는 생물처럼 도시도 성장한다. 다만 도시는 인구가 빠져나가면서 공동화가 이루어지고 재개발이라는 과정을 거친다. 숲의 천이가 100년 단위로 천천히 그야말로 자연스러움을 동력 삼아 변화한다면, 도시는 자본과 인간의 의지를 동력으로 재개발된다. 도시는 무조건 갈아엎어야 한다는, 그런 것이 발전이라는 이상한 등식을 앞세우기 마련이다.

많은 고민을 하며 만든 도시라는 인간의 발명품, 오랜 시간 사람의 통행으로 생겨난 길들의 역사와 그 안에 담긴 이야기의 결을 찾아가며 진행하는 방법이 있는데도 우리의 도시 재개발은 늘 바쁘기만 하다.

한국의 전통적 도시계획에서 나타나는 가장 큰 특징은 땅과 물의 고유한 흐름을 도시의 패턴으로 살린다는 것이다. 그 위에 근대의 시간이 포개지며 지역마다 고유의 독특하고 아름다운 문양을 가지고 퇴적되어왔다. 그래서 시간이 걸리더라도 그런 결을 살리는 개발이 이루어져야 하고, 건물을 새로 짓더라도 길을 살리는 도시 재개발이 이루어져야 한다고 생각한다. 그러나 현실 속 구도심의 풍경은 늘 시류에 맞춰 퇴각하지 못한 오랜 주민들과 오랜 집들이 모호한 표정으로 서로 바라보며 서 있었다.

충북 청주에서 태어나고 자란 한 젊은이가 오래된 건물을 새로운 건물로, 새로운 생활로 치환하고 싶다고 우리를 찾아왔다. 그가 살았던 고향 집의 위치는 오래된 도시 청주 구시가지였다. 동네 이름은 흉년이 들었을 때 백성들에게 곡물을 내어주는 창고가 있었다는 데서 유래했다.

동네의 한 중심에는 재래시장이 있고 사람들은 여전히 분주한 풍경 속에 있다. 낡고 오래된 분주함 속에 집들은 빼

\+

'웃음 베이커리'는
카페와 주거로 두 개의 기능이
확연히 구획되고 단절되어 있지만,
하늘을 향한 빛우물을 통해
위아래로 연결된다.

곡히 들어서 있었고 활기찬 하루하루가 이어지고 있었다. 그 안에 건물을 새로 짓는 것은 출근길 러시아워의 만원 지하철에서 바닥에 발을 단단히 붙이고 자기의 공간을 확보하는 일과 같다.

네모반듯한 땅에 건물이 들어설 자리를 잡아보았다. 도시의 질서 위에 건물을 앉히는 방법은 도시의 결에 맞추는 일로 시작된다. 이 건물 역시 기존 질서에 의해 덩어리가 결정되어 있다. 이웃 건물과의 간격, 뒷집 햇볕을 가리지 않기 위한 각도, 주차를 위한 공간 확보, 건물의 높이와 부피를 비워내는 정도를 법이 정해준다.

도시 건축이란 그런 식으로 약속된 규칙에 따른다. 이 건물 역시 그런 제약을 충실히 따를 수밖에 없었다. 앞과 뒤, 양옆에 있는 땅과의 관계 속에서 계단 위치라든가 네모반듯한 덩어리가 결정되었고 달리 달아날 방법도 없었다. 다만 그 질서를 그대로 따르면서도 자유로움을 넣고 싶었다.

프로그램은 네 층으로 구성되어 있는데, 두 층은 주인이 직접 운영할 베이커리 카페 용도이고 두 층은 주거용으로 사용한다는 구상이다. 두 개의 기능은 층으로 확연히 구획되고

ⓒ 박영채

단절되어 있지만, 무언가 유기적으로 연결되는 통로를 만들어야겠다고 생각했다. 가장 효과적인 방법을 고민한 끝에 수직인 빛우물을 두는 방법을 떠올렸다. 중앙에 원형 빛우물을 두고 3층에 남측으로 네모난 빛우물을 세 개 드리웠다.

그 빛의 통로는 깊이가 각기 다르고 크기도 모두 다르게 했다. 지나는 경로 역시 제각각 다르게 구성했다. 각 층으로 구분되어 있고 기능 간 수평적인 연결이 힘든 상황에서 수직적인 연결을 시도한 것이다. 남북으로 커다랗게 비워내면서 남쪽은 아래를 비워 도시의 흐름을 끌어들였고 북쪽은 상부를 비워 도시의 풍경을 끌어들였다.

이렇게 '웃음 베이커리'는 안으로는 다양한 변화를 품고 있지만, 겉으로는 단순한 박스 형태다. 겉은 단단하지만 안은 부드러운 디저트처럼, 밖에서는 도시의 결을 따르고 안에서는 자유로운 공간의 흐름을 만든다. 오래된 도시의 결에 슬그머니 끼어든 '웃음 베이커리'는 흰색으로 빛나는 조명의 역할을 하면서, 안으로 들어오면 하늘을 향한 빛우물을 통해 위아래로 연결되며 천천히 진행될 도시의 천이를 준비하는 시간의 문양으로 새겨질 것이다.

역사의 풍경을 담은 집

지구의 한 조각

△
_____

 서울 남산의 옛 이름은 '목멱산'이다. 남산을 빙 돌며 동네들이 주렁주렁 달려 있다. 한남동과 이태원도 남산의 한 줄기이고, 양동과 도동도 남산의 한 가지이며, 장충동과 필동도 남산의 한 줄기다. 1392년 조선왕조가 시작되어 지금의 서울인 한양을 수도로 정했을 때부터 남산은 풍수지리상의 '안산案山'으로 무척 중요하게 여겨졌다.
 또한 이곳에는 외적의 방어를 위한 성곽과 봉수대 등이

설치되어 있었다. 현재는 공연장, 박물관, 체육시설 등 시민을 위한 다양한 건물이 그 주변으로 세워져 있다. 남산의 북쪽 자락에는 한국의 전통 건축인 한옥 몇 채가 재현된 남산골 한옥마을이 있고, 남산골공원이 둘러싸고 있다.

그곳에는 화산 분화구처럼 생긴 '서울천년타임캡슐광장'이 있는데, 서울의 문물 600점을 넣고 봉인해둔 곳이다. 1994년 11월 29일에 묻힌 타임캡슐이 다시 열리는 시점은 2394년 11월 29일이다. 과연 24세기의 서울은 어떤 모습이 되어 있을까?

역사도시로서 서울에는 급속도로 전개된 도시 재개발 과정에서 사라진 문화유산을 기억하는 우리가 의아할 정도로 숨어 있는 수많은 건축법적 규제 사항이 있다. 특히 집을 지으려는 개인의 대지 근처에 문화재가 있을 경우, 규모와 높이, 용도, 건물의 마감재 등이 모두 지극히 제한적이다. 옛 한양도성 사대문 안쪽인 종로나 중구 일대라면 더욱 그렇다.

서울 중구 남산골공원의 끝자락에 맞닿은 부정형의 대지는 공원이 한눈에 내려다보이는 아름다운 전망을 가졌다. '지구의 한 조각'의 설계를 맡긴 건축주는 우연히 근처를 지나다 이 땅을 발견했다. 그는 조용한 골목 안쪽의 이 땅이 너무나 마음에 들어 오랫동안 눈여겨보았다고 한다.

그러나 알고 보니 이곳은 '지적불부합지'라는 묘한 명칭의 측량이 불가능한 곳이었다. 지적불부합지는 지적공부상의 등록 사항(경계, 면적, 위치)이 실제 현황과 일치하지 않는 토지를 말하며, 현행 법령에서는 '등록 사항 정정대상 토지'로 불린다(100여 년 전 일제강점기 때 일본의 측량원점[도쿄]을 사용해 세계 표준과 약 365미터 차이가 나게 된 기존의 지적 사항을 디지털 지적으로 측량하면서 전국 3,700여만 필지 중 554만 필지[약 15퍼센트]가 지적도와 불일치하게 된 것이라고 한다). 즉, 여기에 건물 신축을 하는 것은 거의 '불가능한 미션'이었다.

게다가 대지의 형상 때문에 도저히 반듯한 형태의 건물이 나올 수 없었다. 건축주는 땅에 어울리는 집을 설계해달라고 우리를 찾아왔다. 대지의 면적이 그리 넓지 않다 보니 일단 각 층의 가용 면적이 50제곱미터(약 15평)가 채 되지 않고 층마다 들어갈 용도도 모두 달랐다. 지하층과 1층은 상업용도로, 2층과 3층은 주거 용도로 나누어 사용할 수 있도록 하고 각 층의 출입구와 계단 등에 대한 디자인도 각각 고려해야 했다.

　남산골공원에 이웃한 대지의 위치 때문에 서울시에서 의무로 부여한 각종 심의까지, 이리저리 꼬아 만든 수학 문제를 풀듯 하나하나 해결해나갔다. 어느 각도에서 찍은 사진도 피하지 못한 복잡한 전깃줄은 '지구의 한 조각'이 겪었던 시련을 상징하는 듯하다.

　서울 한복판에서 이렇듯 자연과 도시, 역사적 유산의 경계가 직접적으로 맞닿는 곳은 드물다. 건축가로서는 도전하기에 매력적인 곳이었지만, 지적도상의 대지 형태와 실제 대지 모양이 달랐다. 측량의 결과도 제대로 나오지 않으니 어떤 부분은 상상으로 완결지어야 했다.

　건축주의 조건을 모두 충족시키는 배 같기도 하고 칼 같기도 한 뾰족한 다각형의 평면을 먼저 구성했다. 남쪽의 주출입구는 지나가는 사람들도 살짝 공원을 넘겨다볼 수 있도록 부분 필로티로 개방했다. 각 층의 북쪽 창은 공원을 향한 시원한 전망을 갖고, 최소한의 면적을 할애한 계단을 따라 계속 오르면 사방으로 탁 트인 옥상정원이 나온다.

　내부 마감은 콘크리트 노출면을 거의 그대로 살리거나

+
'지구의 한 조각'은
전통 궁궐이나 성곽에 많이 사용된
전돌로 마감했는데,
서울성곽의 흔적이 이어지는
상징적인 의미를 담고 있다.

도장으로 마감하고, 가구도 책상이나 싱크대 등 필수적인 가구만 합판으로 짜서 자연적인 느낌을 살렸다. 창을 통해 바라다보이는 다양한 풍경에 집중할 수 있도록 실내의 풍경은 무덤덤하다.

외장 마감재는 역사지구에 적합하도록 무채색 색상을 적용해야 한다는 규정에 맞춰 전통 궁궐이나 성곽에 많이 사용되었던 전돌을 선택했다. 타임캡슐이 묻힌 남산골공원과 끊기다 말다 이어지는 서울성곽의 흔적이 이어지고 있는 것도 상징적인 의미가 있었다.

우리는 자연스럽게 수원 화성에서 본 '보루堡壘'의 이미지를 떠올렸다. 함께 잘게 썰린 땅의 조각을 단단하고 갑옷처럼 무거운 전돌로 감싸고, 뾰족한 예각으로 만나는 모서리의 전돌은 어긋나게 쌓아 날카로움을 상쇄시켰다. 2층과 3층의 창을 연결하는 전통 창호의 문양을 기호화한 것으로, 무덤덤한 외관에 변화를 주었다.

옥상은 단순히 난간을 설치한 것이 아니라 양쪽 벽을 올려 계단실의 기능과 더불어 성의 망루 같은 역할을 부여했다. 난간도 전통 건축의 '평난간' 형태를 모티브로 했다. 조금

ⓒ 홍석규

소란스러운 동네를 향한 벽은 등을 기댈 수 있는 높이로 하여 앉을 수 있는 의자를 놓았다. 돌아보면 검은 벽돌 너머 현실의 풍경을 조망하는 창문이 있고, 남산골공원을 향하면 고즈넉하게 앉아 천년을 이어갈 광장과 그 너머 아스라한 서울의 풍경이 이어진다.

건축은 땅과 사람이 함께 꾸는 꿈이다

ⓒ 임형남·노은주, 2025

초판 1쇄	2025년 12월 15일 찍음
초판 1쇄	2025년 12월 24일 펴냄

지은이	임형남·노은주
편집	박상문
디자인	O H-!
독자 모니터링	박우주

인쇄	예림인쇄
제본	예림바인딩
종이	올댓페이퍼
물류	해피데이

펴낸곳	이글루
출판등록	제2024-000100호 (2024년 5월 16일)
이메일	igloobooks@naver.com

ISBN	979-11-994571-6-4 03540

- 책값은 뒤표지에 있습니다.
- 파본은 구입하신 서점에서 교환해드립니다.
- 이 책은 저작권법에 의해 보호받는 저작물이므로 무단 전재와 무단 복제를 금합니다. 이 책의 내용을 전부 또는 일부를 이용하려면 반드시 저작권자와 출판사의 서면 동의를 받아야 합니다.